AF592616

L'USUFRUIT

DES

DOMAINES FORESTIERS

PAR

L. CHANCEREL
Inspecteur adjoint des Forêts
Docteur en Droit

PARIS
LIBRAIRIE DES FACULTÉS DE DROIT
H. CABANON
162, RUE SAINT-JACQUES, 162

1894

L'USUFRUIT

DES

DOMAINES FORESTIERS

L'USUFRUIT

DES

DOMAINES FORESTIERS

PAR

L. CHANCEREL
Inspecteur adjoint des Forêts
Docteur en Droit

PARIS
LIBRAIRIE DES FACULTÉS DE DROIT
H. CABANON
162, RUE SAINT-JACQUES, 162

1894

L'USUFRUIT DES FORÊTS

L'USUFRUIT DES FORÊTS

CHAPITRE I

Considérations Générales

L'usufruit des domaines forestiers a une importance juridique qui est en raison directe de l'utilité sociale des forêts; l'étude de cet usufruit nous semble donc devoir être précédée d'une rapide analyse indiquant les principales utilités des bois et démontrant la nécessité d'en régler le mode de jouissance.

Section Ire. — Principales utilités des forêts.

1° *Produits fournis par les forêts à l'industrie et au commerce.*

Les nombreux emplois du bois sont trop connus pour qu'il soit nécessaire de nous étendre longuement sur ce sujet.

Pour le chauffage, la demande en bois est toujours aussi considérable qu'elle l'était avant la vulgarisation du charbon de terre ; il suffit pour s'en rendre compte de se reporter aux tableaux d'octrois constatant la consommation des grandes villes et notamment celle de Paris.

L'économie politique explique ces faits par l'extension incontestable de l'aisance, par l'augmentation de la production et de la consommation.

La consommation des charbons de terre s'est accrue dans des proportions considérables, mais celle des bois de chauffage n'a pas diminué.

En ce qui concerne les charpentes, le fer a certainement pris une place prépondérante dans les constructions des grandes villes ; mais dans les petites villes et dans les campagnes, notamment dans les régions boisées, la charpente en fer est loin d'avoir supplanté complètement la charpente en bois ; de plus, avec l'augmentation de la production en général, les industries anciennes qui emploient le bois comme matière première ont élevé notablement leur demande ; des industries nouvelles basées sur le bois ont été créées ; nous citerons l'extension des demandes en traverses de chemins de fer par suite de la construction de nombreuses lignes ; nous citerons encore l'application du bois au pavage ; nous mentionnerons aussi la création d'usines qui emploient le bois pour la fabrication des pâtes à papier, ou qui en retirent des produits par la distillation. Si, dans certaines usines, on a substitué au combustible bois le combustible charbon, dans beaucoup d'autres plus nombreuses le bois a trouvé des applications nouvelles ; dans les emplois industriels, le fer est venu se placer à côté des bois d'œuvre, comme dans les combustibles, parallèlement au bois, s'est introduit le charbon de terre ; mais, dans l'immense essor de production qui caractérise les temps modernes, aucune de ces matières premières n'a été annihilée par les autres ; le bois est de plus en plus demandé et la loi de croissance de son prix l'emporte même sur celle des autres matières premières ; cette loi s'applique dans toutes les régions qui se trouvent dans un état économique normal et qui ne sont pas sous le coup de crises passagères ; si nous examinons les importations de bois en France, en Italie, en Espagne, en Angleterre, nous voyons qu'elles dépassent de plus en plus les exportations.

2° *Action des forêts sur la production des pluies.*

La grande source de la vapeur d'eau atmosphérique est l'évaporation qui s'exerce à la surface des eaux, à la surface des mers, sous l'action des rayons solaires.

La vapeur d'eau existant ainsi dans l'atmosphère produit, par sa condensation, entre autres phénomènes, celui de la pluie.

On explique la formation de la pluie par le mélange de deux masses d'air à des températures différentes ; la tension maxima de la vapeur d'eau croissant beaucoup plus vite que la température, la condensation peut se produire, que les deux masses d'air soient saturées ou ne le soient pas.

Une autre explication de la pluie est la suivante : Quand une masse d'air chargée de vapeur d'eau rencontre un obstacle, cette masse s'élève nécessairement ; elle se dilate ; par suite sa température s'abaisse et il peut y avoir condensation de vapeur donnant lieu au phénomène de la pluie. Ainsi, on a pu dire avec raison que les obstacles placés en travers d'un courant d'air humide expriment mécaniquement la vapeur d'eau, comme on fait sortir l'humidité d'une éponge en la pressant.

Ces deux explications de la pluie sont également admissibles ; le phénomène peut être dû tantôt à l'un des deux modes de production, tantôt à l'autre, souvent aux deux à la fois. Dans les deux cas, l'action des forêts est facile à constater.

Les forêts agissent d'abord comme *sources* de *température différente de celle du milieu ambiant.*

L'expérience prouve que les températures sous-bois et hors-bois ne sont jamais identiques. Une forêt peut donc être considérée comme représentant une masse d'air à une température différente de celle de l'atmosphère et généralement plus basse ; cette masse d'air rayonne sur toutes celles qui l'avoisinent ; on conçoit qu'elle agisse par contact et par rayonnement, non seulement sur les couches d'air voisines, mais aussi sur toutes celles qui sont amenées par les courants aériens.

La présence seule d'une forêt doit donc rendre les pluies plus fréquentes, et son influence doit être d'autant plus grande que le massif est plus complet, c'est-à-dire la température sous-bois plus différente de celle du milieu ambiant.

En second lieu, les forêts agissent comme obstacles matériels ; elles contraignent à s'élever les masses d'air chargées de vapeur d'eau ; il y a dilatation, refroidissement, et par suite condensation.

Un massif boisé doit donc toujours favoriser la production et la fréquence des pluies ; car il provoque dans les couches d'air de l'atmosphère soit des refroidissements, soit des dilatations dont les résultats sont les mêmes au point de vue de la pluie.

Mais en réalité le phénomène est très complexe

et se complique suivant les circonstances variables de température, de pression, d'altitude, de saison, de sol, de latitude. Ce qui ressort des expériences déjà faites, c'est qu'il pleut plus fréquemment et plus abondamment dans une région boisée que dans une région non boisée.

Ces observations concordent d'ailleurs avec les enseignements de l'histoire. A Madère, aux Canaries, aux Açores, les pluies étaient autrefois abondantes ; elles sont devenues rares depuis les déboisements. En Egypte, des plantations y font reparaître les pluies qui avaient complètement cessé. Dans les Antilles, la diminution des pluies a aussi coïncidé avec les déboisements. A l'île Maurice, de beaux bois entouraient autrefois l'île entière ; ces bois ont été vendus, et ils ont disparu jusqu'au dernier arbre : Le régime des pluies a été tellement atteint que des districts entiers restent aujourd'hui incultes, bien que le sol en soit naturellement fertile et apte à donner de superbes récoltes avec un peu d'eau.

3° *Action des forêts sur le régime des eaux.*

L'eau de pluie qui arrive sur le sol se divise en trois parts : une portion subit l'action de l'évaporation ; une autre s'infiltre dans l'intérieur de la terre, pour alimenter les sources et les nappes d'eaux souterraines ; une troisième enfin ruisselle à la surface des terrains, pour donner directement naissance aux cours d'eau.

L'évaporation, l'infiltration, le ruissellement, telles sont les trois destinations des ondées pluviales.

La quantité d'eau qui s'évapore sur les différents sols varie avec la nature minéralogique, physique et chimique de ces sols. Abstraction faite de ces circonstances physiques, les coefficients d'évaporation des sols sont d'autant plus importants que les températures superficielles sont plus élevées. Les forêts, par leur couvert de feuillage, par la couverture de feuilles mortes, dont elles revêtent le sol, diminuent dans de notables proportions l'évaporation. On a objecté que le feuillage des arbres multipliait la surface d'évaporation et par suite favorisait celle-ci : il est facile de reconnaître que cette action d'évaporation par le feuillage ne se produit avec quelque intensité que pendant la durée même de l'ondée, tandis que la première action s'exerce constamment ; le second effet est négligeable, quand on le compare au premier.

L'influence des forêts sur l'infiltration et le ruissellement n'est pas moins remarquable.

Par leur terreau et leur couverture de feuilles mortes, les forêts régularisent l'infiltration ; par les innombrables racines dont elles percent le sol, elles permettent aux eaux de gagner les couches profondes, les réservoirs des sources, et souvent de traverser des assises imperméables.

Le ruissellement des eaux est diminué et régularisé par la couche spongieuse de terreau et de feuilles qui se trouvent sur le sol boisé.

Le coefficient de ruissellement dans une contrée donnée est le rapport de la quantité de pluie qui coule sur le sol sans être absorbée et en se rendant directement aux cours d'eau, à la quantité d'eau totale qui tombe dans la région ; il est très variable suivant la composition minéralogique, physique et chimique du sol ; dans les Alpes, le ruissellement donne lieu au phénomène des torrents. On l'a dit avec raison : « la violence des torrents est une intégrale formée d'une infinité d'éléments imperceptibles ; le système d'extinction consiste à détruire isolément chacun de ces éléments, sans en négliger aucun. »

Le système d'extinction des torrents est basé sur le boisement ; si des sommets montagneux demeurent longtemps sans boisements, exposés à toutes les érosions des ondées, ils seront bientôt réduits à l'état d'un squelette de roches. Des torrents peuvent alors se former grâce au ruissellement. C'est en boisant qu'on arrête l'action torrentielle. Ce sont les forêts qui, par leurs racines, consolident le sol, et, par leurs rameaux, le protègent contre le choc violent des ondées. Les tiges opposent de nombreux obstacles aux courants partiels et les empêchent de se réunir pour affouiller le sol; elles produisent le même effet qu'une multitude de minuscules barrages; enfin, elles absorbent l'eau par la couverture spongieuse et par le terreau qu'elles forment; la nappe de terreau et de couverture dont elles revêtent le sol a pour résultat d'empêcher le ruissellement rapide, en n'abandonnant l'eau qu'après saturation, et suivant des lois déterminées.

Les faits historiques viennent encore confirmer l'observation; ils démontrent que les déboisements exercent une influence néfaste sur les cours d'eau et les sources, et que les forêts, tout en conservant les eaux vives, ménagent et régularisent leur écoulement.

L'Algérie était autrefois boisée; l'eau ne lui faisait pas défaut; aujourd'hui, beaucoup de sources sont taries par suite des déboisements, et on voit en général décroître le débit de celles qui existent. La Palestine et la Lybie, autrefois fertiles, maintenant privées de leurs forêts, manquent d'eau et de végétation.

4° Influence des forêts sur l'état sanitaire, sur la fixation des dunes, sur les cultures proches de la mer.

Les forêts assainissent une contrée, en prenant l'azote des composés ammoniacaux, en s'emparant du carbone de l'acide carbonique, dont elles restituent l'oxygène ; elles sont la source d'une notable quantité d'ozone et transforment les courants d'air sec négatifs en masses d'air chargées de vapeur d'eau et d'électricité positive ; enfin, les massifs boisés tamisent l'air humide chargé de miasmes pestilentiels, à tel point que les populations placées au-delà des bois en sont préservées ; on a constaté le fait pour les marais Pontins ; on a remarqué aussi que l'apparition des fièvres paludéennes à Port-Louis (Ile Maurice) avait coïncidé avec le déboisement ; et on a reconnu, en Algérie, que le meilleur moyen d'assainissement et de préservation des fièvres consistait dans les plantations d'arbres.

A côté de l'influence sanitaire des boisements, nous devons aussi mentionner leur action remarquable pour la fixation des dunes dans le midi de la France et sur la côte Nord d'Afrique.

Nous indiquons également la protection efficace et l'abri que les boisements peuvent offrir aux cultures voisines de la mer.

Section II. — Importance de la législation relative à l'usufruit des forêts.

L'usufruitier d'un domaine forestier est trop facilement porté à des exploitations abusives ; car la preuve de l'abus de jouissance en cette matière peut être souvent difficile à faire. Il en résulte un dommage considérable pour le sol boisé et une atteinte immédiate aux droits du nu-propriétaire.

L'État, les communes et les établissements publics, qui possèdent des forêts, ne sont en réalité que des usufruitiers ; ils doivent se considérer seulement comme des usufruitiers ; le mode d'exercice et les limites de leur droit de jouissance doivent se régler sur le mode d'exercice et les limites du droit d'usufruit. En effet, la forêt domaniale ou communale n'appartient en toute propriété qu'au corps de la nation ou de la commune *ut universitas*, c'est-à-dire à un corps qui ne meurt jamais ; cette propriété doit se transmettre, perpétuellement intacte, aux générations futures ; il en résulte nécessairement que les habitants actuellement vivants ne sont nullement des co-propriétaires par indivis, et ne sont pas recevables à demander le partage de la forêt pour s'en attribuer à chacun une part ; l'article 92 du code forestier le déclare nettement pour les bois des communes : « La propriété des bois communaux ne peut jamais donner lieu à partage entre les habitants. » Il en est nécessairement de même pour les bois de l'État.

Les communes dites *affouagères*, qui ont sur leurs bois communaux des droits d'affouage, sont dans une situation spéciale : la nue propriété et l'usufruit réunis appartiennent à la commune *ut universitas* ; mais les habitants, chefs de famille, considérés *ut singuli*, ont droit à une part déterminée des produits de la forêt. Leur droit n'est pas un droit d'usage ; car leur part de produits n'est pas limitée à leurs besoins, et, de plus, elle peut être vendue. Leur droit n'est pas non plus un droit d'usufruit ; car l'usufruit donne le droit de jouir de tous les fruits du fonds comme le ferait le propriétaire lui-même, tandis que les affouagistes n'ont droit qu'à une part déterminée de fruits. C'est un droit d'une nature spéciale affectant les caractères de la société ; il semble qu'on pourrait définir ainsi une forêt communale soumise à l'affouage : une forêt appartenant à la commune *ut universitas*, sur laquelle l'ensemble des habitants actuellement vivants a un droit d'usufruit grevé de la charge de fournir à chaque chef de famille, si les ressources financières de la commune le permettent, une part déterminée de certains produits.

Cette définition peut être considérée comme contenue en germe dans l'article 542 du Code civil : « Les biens communaux sont ceux à la propriété ou au produit desquels les habitants d'une ou plusieurs communes ont un droit acquis. »

La nature de l'affouage forestier a été expliquée avec une admirable clarté par un éminent professeur de la Faculté de Paris ; nous transcrivons quelques notes prises à son cours de droit administratif :

« L'affouage est le droit de prendre du bois de chauffage et de construction dans les forêts communales.

« *L'affouage* ne doit pas être confondu avec *les droits d'affouage*, qui sont des droits *d'usage* dans une forêt de l'État ou dans une forêt d'une commune autre que celle de l'affouagiste. C'est un droit *sui generis*.

« L'affouage ne doit pas être confondu avec l'usage au bois ; l'usage au bois est en effet une servitude réelle qui ne peut exister qu'à la condition d'être attachée à un fonds, qui joue le rôle de fonds *dominant* ; quant à l'affouage, il n'est pas attaché à tel immeuble, mais à la qualité d'habitant de la commune. De plus, l'usager ne peut réclamer des délivrances en bois que dans les limites de ses besoins, tandis que les besoins de l'affouagiste ne constituent pas la limite de l'exercice de son droit ; en outre, l'usager ne peut pas vendre ses bois d'usage, tandis que l'affouagiste peut vendre sa part d'affouage.

« L'affouage ne doit pas être confondu non plus avec un droit d'usufruit. L'usufruit prend fin par la mort de l'usufruitier ; mais il ne prend pas fin par cela seulement que l'usufruitier change de résidence ; l'affouage est, au contraire, attaché à l'habitation. De plus, celui qui a l'usufruit d'une forêt peut recueillir tous les fruits produits par la forêt ; il n'en est pas de même pour l'affouagiste, qui ne peut réclamer qu'une certaine quantité de bois ; l'affouagiste ne peut demander qu'une fraction de l'un des fruits produits par la forêt et non pas une fraction de tous les fruits que la forêt est susceptible de procurer.

« Pour ces diverses raisons, l'affouage ne peut être assimilé ni à une servitude réelle, ni à une servitude personnelle. On a quelquefois prétendu que l'affouage était un droit de co-propriété ; mais il n'en est pas ainsi : ce ne sont pas les habitants, c'est la commune qui est propriétaire des biens communaux ; la commune a une personnalité juridique distincte de celle des habitants, et la loi défend le partage des forêts communales entre les habitants.

« L'affouage n'est pas une servitude personnelle sur un bien appartenant à autrui, ce n'est pas une servitude réelle, ce n'est pas un droit de copropriété, c'est tout simplement un mode de jouissance *sui generis* des biens communaux.

« La nature juridique du droit d'affouage est identique à celle du droit qui appartient aux habitants de la commune sur les biens communaux proprement dits. La commune a la propriété pleine et entière de tous ses biens communaux ; elle règle, comme elle l'entend, la jouissance de ses biens ; c'est le conseil municipal qui règle l'affouage par ses délibérations. »

Ces explications font bien ressortir les différences qui existent entre le droit d'affouage et le droit d'usufruit.

La législation de l'usufruit forestier est donc d'une grande importance, puisque ses règles doivent être appliquées aux bois particuliers soumis à l'usufruit, et aussi, généralement, aux bois de l'Etat, des communes et des établissements publics ; son intérêt a augmenté encore par suite de la loi du 9 mars 1891, loi qui modifie les droits de l'époux sur la succession de son conjoint prédécédé.

Le nouvel article 767 du Code civil, qui résulte de la loi nouvelle est ainsi conçu :

« Lorsque le défunt ne laisse ni parents au degré successible, ni enfants naturels, les biens de sa succession appartiennent en pleine propriété au conjoint non divorcé qui lui survit et contre lequel il n'existe pas de jugement de séparation de corps passé en force de chose jugée. — Le conjoint non divorcé qui ne succède pas à la pleine propriété, et contre lequel n'existe pas de jugement de séparation de corps passé en force de chose jugée, a, sur la succession du prédécédé, un *droit d'usufruit* qui est : d'un *quart* si le défunt laisse un ou plusieurs enfants issus du mariage ; — d'une *part d'enfant légitime* le moins prenant, sans qu'elle puisse excéder le *quart*, si le défunt a des enfants nés d'un précédent mariage ; — de *moitié* dans tous les autres cas, quels que soient le nombre et la qualité des héritiers.

« Le calcul sera opéré sur une masse faite de tous les biens existant au décès du de cujus, auxquels seront réunis fictivement ceux dont il aurait disposé, soit par acte entre-vif, soit par acte testamentaire au profit de successibles, sans dispense de rapport.

« Mais l'époux survivant ne pourra exercer son droit que sur les biens dont le prédécédé n'aura disposé ni par acte entre-vifs, ni par acte testamentaire, et sans préjudicier aux droits de réserve ni aux droits de retour : — Il cessera de l'exercer dans le cas où il aurait reçu du défunt des libéralités, même faites par préciput et hors part, dont le montant atteindrait celui des droits que la présente loi lui attribue, et, si ce montant était inférieur, il ne pourrait réclamer que *le complément de son usufruit*.

« Jusqu'au partage définitif, les héritiers peuvent exiger, moyennant sûretés suffisantes, que l'usufruit de l'époux survivant soit converti en une rente viagère équivalente. S'ils sont en désaccord, la conversion sera facultative pour les tribunaux.

« En cas de nouveau mariage, l'usufruit du conjoint cesse, s'il existe des descendants du défunt. »

Cette loi nouvelle pourra produire un certain nombre d'usufruits de bois particuliers ; nous savons bien que l'alinéa 9 du nouvel article 767 permet aux héritiers d'exiger, moyennant sûretés suffisantes, la conversion de l'usufruit de l'époux survivant en une rente viagère équivalente, et que cette conversion n'est facultative pour le tribunal que s'ils sont en désaccord ; il n'en est pas moins vrai que les héritiers *peuvent ne pas exiger* la conversion de l'usufruit en une rente viagère ; d'autre part, ils peuvent ne pas offrir des *sûretés suffisantes* pour le service de la rente, ou bien être *en désaccord* sur la question de conversion ; dans ces deux derniers cas, il est certain que les tribunaux jouissent d'un pouvoir discrétionnaire pour trancher ces questions, et ils peuvent assurément maintenir l'usufruit ; donc, malgré la disposition de l'alinéa 9 du nouvel article 767, la loi nouvelle aura pour résultat d'engendrer un certain nombre d'usufruits.

En dehors des usufruits conventionnels issus des donations, des ventes, des testaments, il existe encore de nombreux cas d'usufruit légal, ou de jouissance assimilée à celle de l'usufruit légal ; nous citerons :

L'usufruit des ascendants sur le tiers des biens auxquels ils ne succèdent pas en propriété, quand ils sont en concours avec les collatéraux de l'autre ligne. (Article 754 du Code civ.).

La jouissance des parents sur les biens personnels de leurs enfants mineurs jusqu'à l'âge de 18 ans. (Article 384 du Code civ.).

La jouissance du mari sur les biens dotaux de la femme mariée sous le régime dotal et sous la clause exclusive de communauté. (Articles 1539, 1571, 1580, du Code civ.).

La jouissance de la communauté sur les biens personnels des époux mariés sous le régime de la communauté légale ou conventionnelle. (Article 1403 du Code civ.).

La jouissance des envoyés en possession provisoire sur les biens de l'absent. (Art. 127 du code civ.).

La jouissance des possesseurs de bonne foi. (Article 549 du Code civ.).

Bien que ces divers cas d'usufruit légal présentent des modalités juridiques différentes, la mesure de la jouissance n'en est pas moins la même, et il importe de la connaître.

Nous analyserons l'usufruit des domaines forestiers dans sa naissance, dans son existence, et dans son extinction : nous donnerons d'abord la définition, l'origine, les modalités, les conditions de constitution à l'égard des tiers du droit d'usufruit ; puis nous étudierons le droit de l'usufruitier dans son objet et son étendue, dans son mode d'exercice, dans son extension à la mitoyenneté et à l'accession ; nous examinerons les obligations de l'usufruitier à son entrée en jouissance, pendant sa jouissance, et à la fin de sa jouissance ; nous verrons ensuite les actions données à l'usufruitier, la situation du nu-propriétaire pendant l'usufruit, les modes d'extinction de l'usufruit, les principales différences entre la législation française et les législations étrangères relativement à l'usufruit ; nous terminerons en exposant la situation actuelle des forêts soumises à des droits d'usufruit.

CHAPITRE II

Définition, origine et modalités du droit d'usufruit ; sa constitution à l'égard des tiers.

Section Ire — Définition de l'usufruit.

L'article 578 du Code civil définit ainsi l'usufruit en général : « L'usufruit est le droit de jouir des choses dont un autre a la propriété, *comme le propriétaire lui-même*, mais à la charge d'en *conserver la substance*. »

Cette définition est sensiblement la traduction de celle donnée par Justinien dans les Institutes : « Jus alienis rebus utendi, fruendi, salvâ rerum substantiâ. »

Les mots : *salvâ rerum substantiâ* sont traduits par l'expression : « *à charge d'en conserver la substance*. »

Le droit de jouissance de l'usufruitier est un *droit personnel et viager* : car la mort est le terme naturel de toutes les jouissances ; c'est un *droit réel*, car l'usufruitier est mis en rapport direct et immédiat avec la chose ; c'est un *droit cessible*, car, puisque l'usufruitier jouit comme le propriétaire lui-même, il peut non seulement louer mais céder son droit de jouissance ; ajoutons que c'est un *droit aléatoire*, car il peut arriver que, pendant la durée de l'usufruit, aucun avantage n'en soit retiré.

La charge de *conserver la substance* de la chose signifie que l'usufruitier ne doit pas la dénaturer ; la loi entend par *substance* l'ensemble des qualités constitutives de l'objet. Il ne peut en changer la forme ; car changer la forme de l'objet, c'est en disposer ; toutefois, si l'intérêt du propriétaire en était augmenté, les tribunaux n'écouteraient pas les injustes plaintes du nu-propriétaire : « malitiis non est indulgendum. » Il en serait ainsi dans le cas où l'usufruitier vendrait des arbres dépérissants. (Poitiers, 2 avril 1818). La cour d'Orléans a jugé, de même, que « l'usufruitier d'un terrain planté en vignes n'est pas tenu de replanter ces vignes, quand elles viennent à dépérir *par vétusté* et qu'il peut les arracher et convertir le sol en terres labourables ; ce serait imposer à l'usufruitier une charge exorbitante que de l'astreindre à replanter une vigne ainsi détruite par la force du temps, et, de plus, une chose impraticable, puisqu'une terre qui a ainsi supporté de la vigne ne peut plus être replantée qu'après un repos de plusieurs années. » (Arrêt du 6 janvier 1848).

Section II. — Origine de l'usufruit.

L'article 579 du Code civil indique la double origine de l'usufruit : la loi et la volonté de l'homme : « L'usufruit est établi par la loi et par la volonté de l'homme. »

Enumérons les divers cas d'usufruit légal :

1° D'après l'article 754 du Code civil, le père ou la mère survivant a l'usufruit du tiers des biens auxquels il ne succède pas en propriété dans le cas de l'article 753, c'est-à-dire quand, à défaut de frères ou sœurs ou de descendants d'eux, et à défaut d'ascendants dans l'une ou l'autre ligne, la succession est déférée pour moitié aux ascendants survivants et pour l'autre moitié aux parents les plus proches de l'autre ligne.

2° Un deuxième cas d'usufruit légal nous est donné par le nouvel article 767 du Code civil, c'est-à-dire par la loi qui modifie les droits de l'époux sur la succession de son conjoint prédécédé.

Cette loi, que nous avons déjà mentionnée, donne à l'époux survivant un droit d'usufruit qui est d'un quart, si le défunt laisse un ou plusieurs enfants issus du mariage ; d'une part d'enfant légitime le moins prenant, sans qu'elle puisse excéder le quart, si le défunt a des enfants nés d'un précédent mariage ; de moitié dans tous les autres cas.

Ces deux cas sont, à vrai dire, les deux seuls cas de véritable usufruit légal contenus dans le Code civil ; ajoutons, hors du Code civil, les deux lois du 14 juillet 1866 et du 25 mars 1873.

La loi du 25 mars 1873, art. 13, accorde à la veuve d'un déporté, qui a suivi son mari dans le lieu d'exécution de sa peine, l'usufruit du tiers des biens qu'il laisse ab intestat dans la colonie, s'il existe des enfants ou descendants légitimes.

La loi du 14 juillet 1866 établit un usufruit, au profit du conjoint survivant d'un auteur, sur le droit de propriété littéraire accordé aux héritiers pendant 50 ans à partir du décès. (Article 1er).

Il est évident que cette dernière disposition légale ne peut pas produire d'usufruits forestiers.

Il existe, ainsi que nous l'avons indiqué, d'autres cas de jouissance portant sur les fruits ; on ne peut leur attribuer le caractère d'usufruits véritables ; car bien qu'assimilables à certains égards à l'usufruit, ces divers droits ne constituent jamais un droit réel, un démembrement de la propriété susceptible d'être aliéné ou hypothéqué. Nous citerons d'abord le droit de jouissance de l'article 384 du

Code civil : « Le père, durant le mariage, et, après la dissolution du mariage, le survivant des père et mère, auront la jouissance des biens de leurs enfants jusqu'à l'âge de dix-huit ans accomplis, ou jusqu'à l'émancipation qui pourrait avoir lieu avant l'âge de dix-huit ans. » Le père ou la mère qui a la jouissance légale, a, en principe, le même droit qu'un usufruitier ordinaire, le droit de s'attribuer tous les produits qui ont le caractère de fruits ; le Code civil, dans l'article 601 qualifie ce droit de jouissance *d'usufruit légal;* mais il diffère beaucoup du droit véritable d'usufruit ; car il ne peut être ni aliéné ni hypothéqué.

Il en est de même de la jouissance du mari sur les biens de la femme mariée sous le régime dotal, et sous la clause exclusive de communauté ; il en est encore ainsi de la jouissance de la communauté sur les biens personnels des époux, de la jouissance des envoyés en possession provisoire, de la jouissance des possesseurs de bonne foi.

Cependant, si tous ces droits de jouissance légale ne sont pas de véritables usufruits légaux, ceux qui les possèdent ne doivent pas moins jouir des biens de la même manière que les usufruitiers ; les règles de jouissance sont les mêmes.

L'usufruit, dit l'article 579 du Code civil, peut aussi être établi *par la volonté de l'homme*. Cette volonté se manifeste par convention ou par testament : par convention à titre onéreux (vente ou échange), ou par convention à titre gratuit (donation, partage, contrat de mariage) ; par testament, quand par exemple un testateur lègue la nue propriété d'un domaine à une personne et l'usufruit à une autre ; remarquons à ce sujet qu'un legs d'usufruit est toujours un legs particulier ; car le legs d'usufruit ne rentre ni dans la définition du legs universel, ni dans celle du legs à titre universel. (Art. 1003. et 1010 du Code civ.).

L'usufruit peut s'établir non seulement en vertu de la loi ou de la volonté de l'homme, mais en vertu d'un troisième mode : *la prescription.*

La prescription est un mode d'acquisition fondé à la fois sur la loi et sur la volonté de l'homme : sur la loi qui la consacre et sur la volonté de l'homme qui la laisse s'accomplir. L'usufruit est un démembrement du droit de propriété : il est logique que, de même que le droit de propriété, il puisse s'établir par la prescription. (Cass. 9 janvier 1889).

Le Code civil, il est vrai, n'a pas réglementé d'une manière spéciale, l'acquisition du droit d'usufruit par la prescription ; mais c'est que l'intention du législateur était évidemment de lui appliquer le droit commun. (Art. 2262, 2265, 2279 C. civ.).

On a objecté que l'article 579 énumérant les

modes de constitution de l'usufruit, (la loi et la volonté de l'homme) ne parle pas de la prescription ; mais, puisque la prescription est un mode d'acquisition basé en même temps sur la loi et la volonté de l'homme, il était superflu de l'indiquer.

On a dit encore que l'usufruitier, qui détient *précairement* la chose du propriétaire, ne peut jamais prescrire : il est facile de répondre que, dans un fonds grevé d'usufruit, on doit distinguer deux droits distincts, le droit de nue propriété et le droit d'usufruit ; l'usufruitier ne peut jamais prescrire le droit de nue propriété qu'il détient seul précairement ; mais il peut certainement prescrire le droit distinct d'usufruit, qu'il possède pour son propre compte à titre de propriétaire.

En droit romain, le juge de l'action *familiæ erciscundæ* ou de l'action *communi dividundo* pouvait attribuer la nue propriété à l'un des copropriétaires et l'usufruit à l'autre ; il n'en est plus de même en droit français ; le juge de l'action en partage doit opérer la division du bien, s'il peut être partagé facilement ; sinon, il doit ordonner la licitation. (Art. 827 et 1686).

Une autre différence entre le droit romain et le droit français est la suivante : les usufruits conjoints, de même que les usufruits successifs, sont admissibles dans notre droit civil en faveur des personnes actuellement vivantes ; en droit romain, on pouvait en outre stipuler, par acte à titre onéreux, un usufruit même en faveur de ses héritiers non conçus, et cette stipulation devait être considérée comme valable pour trois générations ; il ne peut en être de même en droit français ; car cette disposition serait évidemment contraire à la nature de notre droit d'usufruit et aux principes du Code civil.

Un usufruit peut-il être constitué au profit d'une personne morale ? L'article 619 du Code civil répond : « L'usufruit qui n'est pas accordé à des particuliers ne dure que trente ans. » Si la loi n'avait pas fixé un terme pour la constitution d'usufruit en faveur des personnes morales, la nue propriété serait devenue insignifiante, puisque des communautés peuvent durer perpétuellement.

L'article 619 du Code civil ne doit-il s'entendre que des constitutions d'usufruit faites à des corporations, sans indication de durée, de telle sorte qu'une constitution d'usufruit, faite par exemple pour cent ans, doit avoir son effet ? La plupart des auteurs soutiennent la négative par ce motif, qu'un usufruit, établi pour un terme fixé par les constituants, aurait pour résultat de retirer la propriété du commerce, ce qui serait contraire à l'ordre public ; mais il faut savoir si, aux termes de l'article 900 du Code civil, la disposition doit être réputée non écrite, ou seulement si le terme doit être réduit à trente ans : la jurisprudence a décidé par application des principes du droit romain que le terme devait être simplement réduit à trente ans, contrairement à l'opinion de certains auteurs qui déclarent que toute la constitution de l'usufruit est contraire à la loi, par suite entièrement nulle et réputée non écrite. (cass. 17 janvier 1838 — Rennes, 29 décembre 1836).

Section III. — Modalités du droit d'usufruit.

Les articles 580 et 581 du Code civil nous indiquent les diverses modalités du droit d'usufruit :

L'article 581 nous montre que l'usufruit peut être établi sur des meubles comme sur des immeubles ; un usufruit établi sur un immeuble, sur une forêt est immobilier : « tendit ad quid immobile. »

Le propriétaire d'une forêt pourrait-il grever d'usufruit une servitude attachée à son immeuble ? Nous devons répondre négativement ; une servitude, en effet, attachée à un fonds, n'a pas une existence indépendante du fonds ; elle ne peut être grevée d'usufruit que conjointement avec le fonds dont elle est un accessoire.

L'article 580 du Code civil est ainsi conçu :

« L'usufruit peut être établi ou purement, ou à certain jour, ou à condition. » L'usufruit peut donc être établi purement et simplement, sans aucune modalité ; il peut être affecté du terme ou de la condition ; il est *à terme*, quand il est constitué à partir d'un certain jour (ex die), ou bien pour durer jusqu'à une certaine époque (in diem) ; il est sous condition suspensive, quand il prend naissance par la réalisation d'un événement futur et incertain ; il est sous condition résolutoire, quand il prend fin par la réalisation d'un événement futur et incertain.

Section IV. — Constitution de l'usufruit à l'égard des tiers.

La transmission de l'usufruit est soumise aux mêmes règles que la transmission de la propriété elle-même : pour les meubles, il n'y a pas de formalité spéciale ; au contraire, pour les immeubles, la transcription est nécessaire, à moins que l'usufruit n'ait été constitué par voie de réserve ou de déduction ; nous devons ajouter que les usufruits transmis par testament sont opposables aux tiers indépendamment de toute transcription ; car les testaments ne sont pas soumis à la transcription.

Les actes constitutifs d'usufruit qui doivent être transcrits pour être opposables aux tiers sont les donations (articles 939 et 941 du Code civil), et les actes désignés par la loi du 23 mars 1855, c'est-à-dire les actes translatifs de droits réels susceptibles d'hypothèques.

CHAPITRE III

Droits de l'usufruitier forestier

Section I. — Objet et étendue du droit d'usufruit forestier.

On peut avoir dans un domaine forestier :

1° Des bois *taillis*, c'est-à-dire des bois se régénérant par des rejets de souches,

2° Des bois de *futaie* se reproduisant par graines ou par plantations artificielles, et cultivés pour le rapport ou bien pour l'agrément,

3° Des peuplements spéciaux cultivés pour des produits industriels, comme la résine et le liège,

4° Des pépinières, des vergers, des carrières ou des mines, des étangs, des prés-bois destinés au pâturage.

Les *fruits* fournis par ces différents éléments du domaine forestier constituent l'objet du droit d'usufruit.

Le grand principe qui commande et mesure la jouissance de l'usufruitier, c'est qu'*il doit jouir comme le propriétaire lui-même ;* les fruits de la forêt, tels que les retire un propriétaire, jouissant *en bon père de famille*, sont les seuls qui appartiennent à l'usufruitier ; l'article 578 du Code civil qui définit le droit d'usufruit énonce ce principe en termes formels.

On a distingué pour une forêt un *usufruit économique* et un *usufruit juridique ;* on a dit : l'usufruit économique comprend le revenu de l'immeuble, en laissant celui-ci en même état et en même valeur, sans dégradation ni amélioration. Pour les forêts, il consiste dans le revenu calculé de telle sorte que la végétation répare, chaque année, ce que la jouissance enlève à l'immeuble boisé. Quant à l'usufruit juridique, il comprendrait les fruits tels que les prend un propriétaire jouissant en bon père de famille, tels que les donne l'article 578 du Code civil, que l'immeuble boisé soit ou ne soit pas laissé en même état et en même valeur.

Pour arriver à la notion de ce qu'on appelle l'*usufruit économique*, on définit l'usufruit : « la jouissance d'un immeuble quand elle est limitée au revenu », et on définit le revenu : « tout ce qui naît et renaît de la chose sans que celle-ci soit ni dégradée ni améliorée. »

Partant de ces définitions, on arrive à dire que l'usufruit juridique, tel que l'entend le Code civil, devrait être identique à cet usufruit économique, que le Code civil aurait pu se borner à imposer à l'usufruitier l'obligation de ne prendre que le revenu de l'immeuble grevé, sauf aux tribunaux à déterminer en quoi consiste ce revenu, ce qui aurait été une question de fait et d'expertise ; on ajoute que les règles spéciales de jouissance des forêts (art. 590 et suivants du Code civ.) ont été posées par le législateur de 1804 uniquement par suite d'un attachement traditionnel au droit romain et au droit coutumier.

Contrairement à cette doctrine, nous pensons qu'il n'y a pas plusieurs sortes d'usufruits en réalité, et que les règles de jouissance, tracées par le Code civil, (art. 590 et suiv.) sont loin d'être inutiles : l'usufruit économique, tel qu'on l'a défini, est une pure abstraction ; la perception des fruits d'un immeuble, aussitôt après qu'elle a été effectuée, ne laisse jamais l'immeuble en même état et en même valeur; un champ, immédiatement après la récolte, et un taillis immédiatement après la coupe de bois, n'ont pas la même valeur qu'avant. Il n'y a pas d'autre usufruit que celui défini par l'article 578 du Code civil; il n'y a pas deux manières de percevoir les fruits *comme le propriétaire lui-même jouissant en bon père de famille.*

Si le législateur a tracé des règles spéciales pour la perception des fruits des forêts, c'est que la maturité des bois, considérés comme fruits, n'a lieu qu'à des intervalles éloignés, et que la fixation de cette maturité n'est pas aussi simple que pour les fruits des autres immeubles; les fruits des autres immeubles, comme les terres et les maisons, sont en général annuels; pour les forêts, les fruits ne sont point naturellement annuels; ils ne deviennent annuels qu'au moyen d'une disposition spéciale des peuplements, qui constitue l'exploitation aménagée. Pour que l'usufruitier, en maintenant une forêt toujours en même état et en même valeur, puisse percevoir exclusivement le revenu, c'est-à-dire ce qui naît et renaît de la chose, il faut connaître nécessairement la loi suivant laquelle la nature crée la valeur dans les forêts ; cette loi, très complexe, dépend de la valeur de chaque feuille, c'est-à-dire de la valeur en argent de chaque production annuelle en matière aux différents âges du bois ; les études relatives à ces questions présentent certainement le plus grand intérêt ; mais elles sont étrangères à la nature du seul usufruit qui doive nous occuper : l'*usufruit juridique*, l'usufruit tel qu'il est déterminé par le Code civil.

Nous avons dit que l'usufruitier doit jouir *comme le propriétaire lui-même;* ses droits sont donc différents suivant la nature et la destination des arbres soumis à l'usufruit.

Les forêts sont destinées généralement à être traitées soit en taillis, soit en futaies.

Les *taillis* sont constitués par des peuplements se régénérant par rejets de souche, et sont coupés le plus souvent à des époques peu éloignées les unes des autres.

Les futaies se reproduisent par semis naturel ou par plantations artificielles; elles sont constituées par des peuplements dont le fût est formé, et coupées à des époques très éloignées les unes des autres; la production du bois d'œuvre est en général leur destination.

C'est aux tribunaux qu'il appartient de décider souverainement si tel peuplement est une futaie ou un taillis.

Il y a des arbres comme les fruitiers d'un verger, les pins à résine, les chênes-liège, qui ne peuvent être considérés ni comme taillis ni comme futaie; ce sont des arbres soumis à une exploitation industrielle spéciale.

La règle de jouissance des taillis est contenue dans l'article 590 du Code Civil: « Si l'usufruit comprend des bois taillis, l'usufruitier est tenu d'observer l'ordre et la quotité des coupes conformément à l'aménagement ou à l'usage constant des propriétaires, sans indemnité toutefois, en faveur de l'usufruitier ou de ses héritiers, pour les coupes ordinaires, soit de *taillis*, soit de *baliveaux*, soit de *futaie* qu'il n'aurait pas faites pendant sa jouissance. »

Remarquons que l'article 590 comprend dans la coupe ordinaire du taillis non seulement le taillis proprement dit, mais encore les baliveaux et arbres de futaie contenus dans le taillis ; donc la règle de jouissance du taillis est commune au taillis simple et au taillis sous-futaie.

La règle de jouissance de la futaie est comprise dans les deux articles suivants :

Article 591 : « L'usufruitier profite encore, toujours en se conformant aux époques et à l'usage des anciens propriétaires, des parties de bois de haute futaie qui ont été mises en coupes réglées, soit que ces coupes se fassent périodiquement sur une certaine étendue de terrain, soit qu'elles se fassent d'une certaine quantité d'arbres pris indistinctement sur toute la surface du domaine. »

Article 592 : « Dans tous les autres cas, l'usufruitier ne peut toucher aux arbres de la haute futaie..... »

On voit que le législateur du Code civil a suivi les traditions du droit romain et du droit coutumier : l'ancien droit coutumier considérait le taillis comme une récolte agricole, et la futaie comme un capital réservé non sujet aux effets de la saisie féodale et aux droits de relief ou de rachat.

1° *Règles de jouissance du taillis simple ou composé.*

Le taillis, considéré comme une récolte, suivra la règle de jouissance de toutes les récoltes, et sera coupé par l'usufruitier à l'époque de la maturité.

Mais comment ce terme de la maturité sera-t-il indiqué à l'usufruitier? L'article 590 lui prescrit de s'en rapporter à *l'aménagement* ou à *l'usage constant des propriétaires*, pour observer l'ordre et la quotité des coupes.

Que faut-il entendre par *aménagement?*

Dans l'ancien droit, le mot *aménagement* (ad menaginum) s'appliquait à l'abatage et au débit du bois pour les besoins du ménage. A la fin du XVIII° siècle, *aménager* les forêts signifiait déterminer l'âge auquel on doit les couper. Dès ce moment, on peut donc définir l'aménagement : *l'art de régler l'exploitation d'une forêt en la divisant en coupes et en déterminant l'âge des coupes.*

C'est évidemment en ce sens que la loi du 29 septembre 1791 entend l'aménagement ; l'article 4 du titre 15 de cette loi est ainsi conçu : « Il sera incessamment fait une loi sur les aménagements ainsi que pour fixer les règles de l'administration forestière..... » Dans cette loi la signification de l'aménagement est évidemment celle que nous donnons.

Remarquons en passant que cette loi sur les aménagements n'a jamais été faite, au grand détriment des forêts.

On a défini encore l'aménagement : « une opération qui a pour but de régler la culture d'une forêt pour lui faire produire un revenu constant » ; ou encore : « l'art de régler l'exploitation des forêts en vue des besoins de l'homme. » Toutes ces définitions rentrent dans la première définition que nous avons donnée et qui est la plus générale.

L'aménagement, qui est l'art de régler *l'exploitation* d'une forêt, suppose que les bois sont coupés à l'âge *d'exploitabilité*.

La question de l'exploitabilité des peuplements forestiers est une question délicate, qui fait l'objet de nombreuses contestations ; il importe donc à l'usufruitier forestier de connaître les principaux genres *d'exploitabilité*.

1° L'EXPLOITABILITÉ PHYSIQUE est celle qui consiste à laisser l'arbre sur pied aussi longtemps qu'il est *vivant* ; c'est celle qui est observée dans les futaies d'ornement ou de protection, par exemple quand il s'agit des arbres des parcs, ou des arbres destinés à protéger les terres contre les invasions des sables, ou des peuplements qui préservent les montagnes des érosions et des affouillements des eaux. Le terme variable de la longévité de l'arbre est ici le terme de l'exploitation. Ce genre d'exploitabilité a peu d'applications pratiques.

2° L'exploitabilité absolue ou matérielle est celle qui recherche le maximum de production *en matière*, sans s'occuper de la nature des produits. Quand on observe, dès sa naissance, l'accroissement annuel d'un peuplement forestier, on constate que cet accroissement annuel va tout d'abord en augmentant; puis, à un certain moment, quelques arbres dépérissent, la surface foliacée diminue, et l'accroissement annuel baisse; donc, l'accroissement annuel monte d'abord, devient stationnaire, puis descend; l'accroissement *moyen* annuel suit, non pas la même marche, mais une marche analogue à celle de l'accroissement annuel et passe aussi par un maximum; l'accroissement *moyen* annuel croîtra aussi longtemps que le dernier accroissement annuel restera plus grand que l'accroissement *moyen* correspondant; puis cet accroissement *moyen* annuel finira aussi par décroître : si on exploite le peuplement forestier quand il a atteint son accroissement moyen maximum, on réalise le maximum de matière ligneuse que peut donner la surface boisée.

Pour déterminer ce terme d'exploitabilité absolue, on a recours à des expériences, ou plus simplement à des tables de production ; ces tables de production donnent le volume en bois à l'hectare suivant la fertilité du sol et suivant les âges des bois ; la grande difficulté, en pratique, consiste à choisir, dans ces tables, le degré de fertilité à prendre pour la surface boisée que l'on considère.

Physiquement, on reconnaît le moment d'exploitabilité absolue d'un peuplement à ce qu'il a atteint sa hauteur totale et à ce qu'il porte des graines dans son ensemble.

3° L'exploitabilité technique est celle que réalise un peuplement forestier quand il est le plus apte à des emplois déterminés.

Citons les exploitations en vue de la production du liège ou de la résine, en vue de la confection des poteaux télégraphiques ou des perches de mines.

La détermination du terme d'exploitabilité technique est très simple : on recherche l'âge nécessaire à l'arbre pour obtenir les dimensions exigées par son emploi spécial ; l'usufruitier se conformera à cet âge pour ses exploitations.

4° L'exploitabilité économique est celle qui recherche les produits les plus utiles à tous les emplois et à toutes les industries en général ; c'est celle qui correspond à la production des arbres de la plus grosse dimension ; car ce sont les gros bois qui ont les emplois les plus nombreux et qui sont les plus recherchés dans l'industrie ; ce sont aussi ceux qui présentent le déchet le moins considérable, et le moins d'aubier.

L'exploitabilité économique présente une importance particufière, puisque c'est celle qui est adoptée généralement dans les bois de l'Etat. Elle est réalisée, pour un arbre isolé, quand il devient mûr sans être dépérissant, quand il atteint la plus grosse dimension possible ; elle s'obtient, dans un peuplement forestier, quand l'ensemble des tiges, quand la majeure partie des arbres arrive à maturité.

Pour un arbre isolé, la maturité se détermine par des signes extérieurs, par exemple, pour un chêne, quand les menues branches du sommet se dépouillent vite de leurs feuilles ou n'en produisent plus, pour un sapin, quand le haut de la cime prend une forme tabulaire.

Pour un peuplement forestier, les mêmes signes

extérieurs, que pour un arbre isolé, portant sur l'ensemble des tiges, indiqueront la maturité ; la limite inférieure de cette maturité est le moment où la majorité des arbres donne du bois appartenant à la première catégorie marchande du pays ; la limite supérieure est le moment où le massif sur le retour commence à s'entr'ouvrir.

En résumé, l'exploitabilité économique est une combinaison de l'exploitabilité absolue avec l'exploitabilité technique.

5° L'EXPLOITABILITÉ COMMERCIALE est celle qui donne le taux de placement le plus élevé.

La détermination de cette exploitabilité est d'une grande importance pour l'usufruitier ; car c'est celle que recherchent les particuliers ; c'est aussi celle que désireraient réaliser les communes et les établissements publics, contrairement aux prescriptions de l'Etat qui leur impose le plus souvent l'exploitabilité économique.

Pour un arbre isolé, comme pour un peuplement, le terme d'exploitabilité commerciale est atteint aussitôt qu'il y a pécuniairement avantage à couper et à vendre les arbres pour en placer le prix au taux moyen de la localité, et pour les laisser se reproduire par rejets de souches, par semis ou par plantations.

Partant de ce principe, le calcul détermine

pour chaque localité et pour chaque essence le terme de l'exploitabilité commerciale.

L'usufruitier d'une forêt, abstraction faite de l'Etat et des communes considérés comme usufruitiers, devra généralement exécuter ses exploitations en se conformant aux règles de l'exploitabilité commerciale. L'attention de l'usufruitier devra se porter sur les quatre points principaux indiqués dans l'article 590 du Code civil :

l'ordre des coupes,

leur quotité,

leur âge,

le nombre des baliveaux à réserver, si l'usufruit porte sur un taillis composé.

C'est à la reconnaissance et à la vérification de ces quatre points que l'usufruitier doit d'abord s'appliquer pour bien juger de l'aménagement des anciens propriétaires.

Certainement, si l'usufruitier effectuait une coupe prématurée, il n'en deviendrait pas moins propriétaire des arbres coupés, conformément à la loi romaine : « sylvam cæduam, etiamsi intempestivè cæsa sit, in fructu esse constat. » (L. 48, § 1, De usufructu, lib. 7, tit. 1). Mais il se rend passible de dommages-intérêts.

Donc, l'usufruitier doit rechercher préalablement quel est l'aménagement établi avant la constitution d'usufruit, et son obligation est de s'y conformer. S'il n'y a pas d'aménagement établi, il doit rechercher quel est l'usage constant des propriétaires, et observer les règles d'exploitation qui découlent de cet usage constant.

De là les déductions suivantes :

1° Si l'on peut, par les papiers de famille, ou par les habitudes du propriétaire, connaître l'âge d'exploitation du taillis, c'est à cet âge que l'usufruitier devra exploiter ; l'usufruitier est tenu de jouir en bon père de famille (art. 601 du Code civ.) ; il ne peut d'ordinaire s'acquitter mieux de cette obligation qu'en se conformant aux règles d'exploitation suivies par le précédent propriétaire, qui, généralement, a constitué l'usufruit.

2° Mais si le précédent propriétaire se livrait à des exploitations abusives, pouvant dégrader la propriété forestière, l'usufruitier ne doit pas suivre un aménagement dangereux pour la forêt ; son obligation de jouir en se conformant à l'aménagement établi est primée par son obligation de jouir en bon père de famille ; il doit alors renoncer au mauvais aménagement ou à l'usage défectueux du précédent propriétaire, et suivre la méthode d'exploitation des autres propriétaires jouissant en bon père de famille.

3° L'usufruitier peut-il choisir entre l'âge de coupe adopté par le propriétaire, en supposant qu'il ne soit pas abusif, et l'âge habituellement fixé par les propriétaires de la localité pour la coupe des taillis semblables ? Il faut répondre que l'usufruitier n'a pas le choix : il doit nécessairement adopter l'âge de coupe qui correspond à la meilleure gestion : cet âge est unique ; la règle est une question de fait qui dépend uniquement de l'appréciation, faite par le juge, de l'obligation de jouir en bon père de famille.

4° Quand l'âge de coupe observé par l'ancien propriétaire est complètement inconnu, l'usufruitier doit se conformer à l'usage des propriétaires de la localité, qui jouissent en bon père de famille.

5° L'usufruitier d'un taillis, qui a dans toutes ses parcelles le même âge uniforme, peut-il exploiter à la fois tout l'ensemble du taillis, aussitôt qu'il est parvenu à l'âge d'exploitabilité ? La solution affirmative est évidente ; ceux qui prétendent, que cette règle issue du Code civil manque de logique, perdent complètement de vue ce principe : c'est que l'usufruit est un droit aléatoire. Quel est, en somme, le droit de l'usufruitier ? c'est de percevoir les fruits mûrs, et de les recueillir en bon père de famille, que ces fruits mûrs soient des récoltes en céréales ou en bois. L'usufruitier prend les bois, comme le propriétaire lui-même, dès qu'ils sont mûrs ; peu importe que la forêt, à l'expiration du droit d'usufruit, ne conserve pas la même valeur en bois sur pied ; peut-on dire, comme on l'a prétendu, qu'une pareille solution soit injuste, et que le Code civil continue à tort la tradition d'un droit ancien fait pour l'époque où les bois n'avaient que peu ou point de valeur vénale ? Nullement ; la question est tout à fait étrangère au plus ou moins de valeur des bois ; le législateur du Code civil n'avait pas à se préoccuper de cette valeur. Autoriser l'usufruitier à recueillir les fruits mûrs, lui prescrire de jouir comme le propriétaire lui-même, en bon père de famille, telles devaient être et telles sont les règles du Code ; elles sont conformes aux intérêts bien entendus de la collectivité.

6° Le nu-propriétaire peut-il imposer à l'usufruitier un aménagement régulier différent de l'aménagement du précédent propriétaire, ou de l'usage constant de la localité ? Il faut répondre négativement ; le nu-propriétaire n'a pas le droit d'imposer à l'usufruitier une règle de gestion, un plan d'exploitation : il peut, d'ailleurs, demander au tribunal la déchéance de l'usufruitier pour exploitation abusive ; c'est son droit ; mais il ne peut dicter à l'usufruitier aucune règle de conduite, aucun plan d'exploitation, s'il n'a pas de motifs de se plaindre de sa gestion.

7° L'usufruitier, qui craint des critiques relatives à sa gestion, pourrait-il exiger en justice un aménagement ? Nous pensons qu'il faut décider la négative ; le droit du nu-propriétaire est de rester complètement étranger à la gestion de l'usufruitier, et de pouvoir profiter de ses fautes, soit pour exiger des dommages-intérêts, soit pour demander la déchéance.

8° Le nu-propriétaire et l'usufruitier peuvent-ils s'entendre ensemble pour demander au tribunal de prononcer un jugement approuvant un aménagement convenu? Rien ne paraît s'opposer à une telle convention ; le contrat nouveau devient alors la loi des parties, et l'usufruitier abandonne le droit qu'il tenait du Code civil pour lui substituer le droit né du contrat.

9° Mais l'usufruitier seul pourrait-il, de sa propre autorité, établir un aménagement, une division de la forêt en coupons égaux, sans s'exposer à des dommages-intérêts? Il faut distinguer si le bois a déjà fait l'objet d'exploitations conformes à l'usage constant, ou bien si le bois n'a jamais été coupé.

A. — Si le bois a déjà fait l'objet d'exploitations conformes à l'usage constant, nous pensons que l'usufruitier ne peut établir, par lui-même et par lui seul, un aménagement : certainement, la division de la forêt en coupons égaux, l'aménagement, ne constitue pas, en principe, un acte de mauvaise administration, ni de mauvais père de famille ; mais il peut arriver qu'une division en coupons d'égale contenance prive le nu-propriétaire des éventualités qu'il pouvait espérer. On objecte que ces éventualités sont réciproques; c'est vrai ; mais cette réprocité n'est *plus la même* quand l'ordre des exploitations a été changé : l'usufruitier, qui divise en coupons un taillis primitivement exploité en bloc, et qui exploite successivement ces coupons, change nécessairement l'âge d'exploitation suivi d'après l'usage constant; de plus, il est amené nécessairement à percevoir des fruits non mûrs ou trop mûrs ; ce changement peut léser ou avantager le nu-propriétaire : avantagé, le nu-propriétaire ne réclamera évidemment pas ; lésé, son droit incontestable est de demander une indemnité.

Supposons qu'un taillis de 20 hectares soit habituellement exploité, dans son entier, par son propriétaire, à l'âge de 20 ans ; l'usufruitier devra l'exploiter en bloc à 20 ans ; s'il l'a divisé en 20 coupons d'un hectare, il aura été amené à couper des bois d'un âge inférieur ou supérieur à 20 ans, à percevoir des produits non mûrs ou trop mûrs ; de plus, si l'usufruit s'éteint par exemple 19 ans après la dernière coupe faite par le précédent propriétaire, l'usufruitier aura perçu des produits, qu'il ne devait pas percevoir, que son droit aléatoire ne devait pas lui donner ; le propriétaire sera lésé. On ne peut d'ailleurs pas dire, dans ce cas, que l'usufruitier se soit comporté en bon père de famille : pour se comporter en bon père de famille, il doit tout d'abord exploiter les peuplements à l'âge de la maturité, à l'âge fixé par le précédent propriétaire ou par l'usage constant de la localité.

B. — Mais si nous considérons un bois n'ayant pas encore fait l'objet d'une précédente exploitation, un bois provenant directement d'un semis ou d'une plantation, nous pensons que l'usufruitier peut établir de lui-même un aménagement : il organisera cet aménagement en se conformant à l'usage constant de la localité. Ici le droit à des éventualités déterminées n'existe pas avec une fixation mathématique à l'égard du nu-propriétaire ; l'usufruitier n'a pas à se préoccuper de respecter ces éventualités ; il n'a qu'à jouir en bon de père de famille et l'aménagement de la forêt n'est que la mise en pratique de cette obligation de jouissance en bon père de famille.

10° On a discuté beaucoup la question de savoir si un bois, qui vient directement de semis ou de plantations, et qui n'a jamais été coupé, doit être considéré comme taillis ou comme futaie : on ne peut pas en cette matière formuler une règle mathématique ; la solution de la question dépend de l'intention de l'ancien propriétaire ; à défaut de la preuve de cette intention, il faut s'en rapporter à l'usage constant de la localité ; pratiquement, la difficulté sera résolue à l'aide d'une expertise.

Si le bois a été constitué autour d'une maison d'habitation, et s'il a été dessiné en forme de parc d'agrément, il est bien certain que ce bois devra être considéré comme futaie, et comme futaie d'ornement.

Si le bois a été créé loin de toute habitation, il faudra distinguer s'il est en majeure partie formé par des essences résineuses, ou par des essences feuillues : s'il s'agit de résineux, qui ne peuvent se reproduire par rejets de souche, mais par semis ou plantations, la destination du boisement sera évidemment la futaie, mais la futaie de rapport ; s'il s'agit de feuillus, qui se reproduisent par rejets de souche et par semis ou plantations, la question sera plus délicate ; généralement, comme le but des particuliers, dans la gestion des forêts, est l'exploitabilité commerciale et que celle-ci est plus spécialement obtenue par le taillis, il faudra décider que le bois sera exploité en taillis.

Dans les forêts destinées à des productions industrielles comme la résine ou le liège, l'usufruitier devra se conformer aux usages constants qui gouvernent les exploitations.

Les taillis offrent certaines variétés dont l'usufruit est soumis à la même règle légale.

Les *taillis sartés* sont ceux dans lesquels la coupe est suivie d'une culture en céréales, après un écobuage des rémanents; ce mode d'exploitation est réalisé dans certaines régions à sols siliceux; l'usufruitier doit suivre l'aménagement du précédent propriétaire et les règles locales, en se conformant à son obligation de jouir en bon père de famille.

Les *taillis furetés* sont ceux dans lesquels, à chaque exploitation, on enlève seulement les perches ou lances ayant atteint une dimension déterminée par l'usage; l'âge de coupe sera réglé, pour l'usufruitier, suivant la dimension adoptée par l'ancien propriétaire ou par l'usage local.

De même dans les *haies à écorces*, bois de taillis exploités en vue de la production des écorces à tan, l'usufruitier recueillera les écorces en se conformant à l'âge adopté par le précédent propriétaire ou fixé par l'usage local.

Les règles du TAILLIS COMPOSÉ OU TAILLIS-SOUS-FUTAIE dérivent, comme celles du taillis simple, de l'article 590 du Code civil; mais on doit tenir compte ici d'un facteur important de l'exploitation qui n'existe pas dans les taillis simples: *les réserves*.

Les arbres réservés dans le taillis font l'objet d'un plan de balivage et ne sont exploités qu'au moment de leur maturité; l'usufruitier jouira des réserves mûres ou dépérissantes, et suivra le plan de balivage observé par l'ancien propriétaire ou déterminé par l'usage constant des propriétaires locaux.

Dans l'ancien droit, il n'en était pas de même : l'usufruitier des taillis sous futaie jouissait du taillis, mais n'avait aucun droit aux arbres de futaie réservés dans le taillis ; suivant Pothier, la douairière devait respecter « tous les modernes et anciens percrus sur les taillis de la forêt grevée de son usufruit légal », et elle devait même alimenter la réserve d'un certain nombre de baliveaux ; cette règle était conforme à la tradition juridique qui immobilisait les futaies, et aux anciennes ordonnances forestières qui défendaient, dans les forêts des communautés, d'abattre aucun arbre de futaie, lors des coupes ordinaires, sans la permission spéciale du roi : l'article 5 du titre 22 de l'ordonnance d'août 1669 est ainsi conçu :

« Les douairiers, donataires, *usufruitiers* et engagistes, ne pourront disposer d'*aucune futaie*, arbres *anciens*, *modernes*, ou *baliveaux sur taillis*, même de l'âge du bois, réservés ès dernières ventes, ni des chablis, arbres de délit, amendes, restitutions, confiscations en provenant ;....... »

Le législateur du Code civil a écarté avec raison cette règle, dont le résultat était de transformer le taillis sous-futaie en futaie véritable, par l'accumulation des réserves sur le sol boisé ; le texte de l'article 590 prévoit la coupe des arbres du balivage en même temps que celle du taillis ; l'article 590 déclare en effet : « qu'il n'y aura aucune indemnité en faveur de l'usufruitier ou de ses héritiers pour les coupes ordinaires *soit de taillis, soit de baliveaux, soit de futaie*, qu'il n'aurait pas faites pendant sa jouissance. »

Dans une forêt de taillis sous-futaie, l'usufruitier, en même temps qu'il exploitera le taillis, récoltera les réserves ayant atteint l'âge de la maturité ; et il devra suivre la règle du plan de balivage observé par l'ancien propriétaire ou par l'usage constant des propriétaires de la localité.

Cette règle de jouissance des réserves du taillis est aujourd'hui fixée par la jurisprudence. (Riom, 19 juillet 1862. — Paris, 28 novembre 1874. — Nancy, 22 mars 1879).

2° *Règles de jouissance de la futaie.*

Les articles 591 et 592 du Code civil, que nous avons déjà indiqués, formulent les règles de jouissance de la futaie.

Le législateur distingue si la futaie a été *mise en coupes réglées* ou si elle ne l'a pas été ; si elle a été mise en coupes réglées, l'usufruitier jouit des coupes en se conformant *aux époques d'ex-*

ploitation et à l'usage des anciens propriétaires ; si elle n'a pas été *mise en coupes réglées*, l'usufruitier ne peut toucher aux arbres de haute futaie.

Nous avons vu que les taillis sont de plein droit dans la classe des fruits naturels : il n'est pas besoin de mise en coupes réglées pour que l'usufruitier puisse en jouir ; il les coupe quand ils sont mûrs, en se conformant à l'aménagement ou à l'usage constant des propriétaires.

Il n'en est pas de même pour les futaies ; en principe elles ne sont pas des fruits ; elles ne peuvent être des fruits que si les anciens propriétaires ont été dans l'usage d'y faire des coupes réglées, cas auquel il est permis à l'usufruitier d'en user suivant la destination du père de famille.

Donc, dans les futaies, la mise en coupes réglées n'est pas exigée seulement, comme dans les taillis, pour régler le mode d'exploitation, mais pour donner lieu au droit de les exploiter, pour *faire naître* le droit de l'usufruitier ; c'est sur la *mise en coupes réglées* par les *anciens* propriétaires que repose tout le titre de l'usufruitier.

Que faut-il donc entendre exactement par *futaies mises en coupes réglées ?* Ce sont des futaies destinées par le père de famille à fournir des coupes de produits principaux.

C'est une question de fait et d'appréciation ; l'appréciation ne peut porter que sur les actes et les intentions du propriétaire qui a constitué l'usufruit ; car, si l'article 591 parle des *anciens* propriétaires, c'est uniquement pour obliger l'usufruitier à se conformer, dans sa gestion, à leurs époques de coupes et à l'usage ; la mise en coupes réglées ne peut émaner que du constituant de l'usufruit. On l'a dit avec raison : un propriétaire peut très bien acheter une futaie mise en exploitation aménagée par son vendeur, dans le but de la constituer en épargne et en formation de capital ; il serait contraire à ses intentions de laisser l'usufruitier continuer l'exploitation d'un vendeur antérieur.

Mais quels sont les actes du constituant de l'usufruit qui pourront indiquer que la futaie est mise en coupes réglées ? Ce sont tous les actes dont on pourra déduire que le constituant retirait ou avait l'intention de retirer de la forêt un revenu destiné aux besoins habituels de sa maison. Peu importent l'inégalité des coupes perçues et l'irrégularité des intervalles entre ces coupes ; une forêt peut être *mise en coupes réglées*, bien que ces coupes aient été inégales et irrégulières.

Ainsi un usufruit est constitué sur une futaie âgée par exemple de cent ans : l'ancien propriétaire n'y a fait que des coupes d'éclaircies portant sur des tiges dominées et sans avenir, dans un but exclusivement cultural ; il a conservé avec soin le peuplement principal en vue de constituer un capital de réserve : on ne peut pas dire que la forêt soit *mise en coupes réglées.*

Au contraire, si nous supposons que l'ancien propriétaire a fait porter ses coupes sur les *produits principaux* en vue d'en retirer un revenu, il faut décider que la forêt a été *mise en coupes réglées*; cependant, si cette réalisation de produits principaux avait été opérée pour satisfaire un besoin urgent, tel que le paiement d'une dette ou l'établissement d'un enfant, on devrait admettre que la forêt n'a pas pour cela perdu son caractère de capital réservé.

On a prétendu que la mise en coupes réglées d'une futaie est caractérisée exclusivement soit par l'intervalle uniforme du temps qui doit s'écouler d'une coupe à l'autre, soit par la quotité de bois que chaque coupe doit comprendre ; sous le rapport du temps, il faudrait que les coupes aient eu lieu périodiquement ; sous le rapport de la quotité, il faudrait que les coupes aient été faites périodiquement sur une étendue déterminée de terrain comme 1 hectare ou 10 hectares par exemple, ou périodiquement sur une certaine quantité d'arbres, par exemple sur 50 ou 60 pieds d'arbres d'un certain diamètre pris dans toute l'étendue du domaine indistinctement : assurément, ce sont là des signes certains de *mise en coupes réglées* ; mais on ne peut pas affirmer que ce sont les seuls. Il n'est pas nécessaire que l'ancien propriétaire ait fait pendant de longues années des coupes périodiques et régulières ; l'appréciation de mise en coupes réglées peut résulter d'actes étrangers même à la forêt manifestant son intention d'affecter au revenu les produits de la forêt, de mettre la futaie *in fructu*.

Ainsi une personne emploie une partie de sa fortune dans l'achat d'une futaie ; elle entend bien avoir ainsi une futaie de rapport ; quelque temps après cet achat et avant d'avoir fait aucune coupe, la personne meurt en transmettant l'usufruit de la futaie à son époux survivant : il serait absurde d'obliger l'usufruitier à considérer cette forêt comme un capital réservé, et de lui interdire toute exploitation ; la présomption légale de capital réservé, qui caractérise la futaie, tombe non seulement devant les faits de jouissance, mais devant tous les actes de l'ancien propriétaire, qui dénotent l'intention de mettre en coupes la forêt, de tirer un revenu régulier de cette forêt.

Le tribunal a le pouvoir souverain de déclarer une futaie mise ou non en coupes réglées, et de donner ou de refuser ainsi à l'usufruitier la jouissance des coupes de futaie. Le testateur possède également ce droit, à son gré, par une simple déclaration.

Mais si le précédent propriétaire s'était simplement contenté de couper des arbres dans la futaie pour la réparation de son domaine, ou pour toute cause spéciale autre que le revenu, ces faits constitueraient-ils la mise en coupes réglées de la futaie ? certainement non : il y a là l'exercice du droit plein et entier de propriétaire, mais on ne peut en déduire, de même que dans le cas d'exploitation pour besoin urgent, la mise en coupes réglées de la futaie ; ces actes ne peuvent être qualifiés véritablement du nom de *coupes*, à moins d'intention contraire exprimée par le père de famille.

Nous devons remarquer que, dans l'article 591 du Code civil, le législateur emploie pour la futaie les mots de *mise en coupes réglées*, et non le mot *d'aménagement* ou *d'usage constant*, qu'il applique dans l'article 590 au taillis.

C'est qu'en effet, un taillis ne peut être coupé que suivant l'aménagement, ou bien suivant l'usage constant, au terme de la maturité.

Pour la futaie, l'expression *mise en coupes réglées* est beaucoup plus générale ; on conçoit très bien qu'une futaie puisse avoir été mise *in fructu* par les anciens propriétaires, sans qu'il y ait eu un aménagement établi ou un âge fixé, et sans tenir compte d'un usage constant de la localité.

La seule règle d'exploitation, prescrite par l'article 591, consiste à observer pour la coupe les époques et l'usage des anciens propriétaires.

L'usufruitier ne doit pas ici s'en rapporter à la pratique des exploitations de futaie dans la localité, mais uniquement à l'usage des *anciens propriétaires*. L'usage des anciens propriétaires sera généralement l'usage local ancien, et l'usage local ancien sera généralement le même que l'usage local actuel ; cependant, il peut arriver que la création d'industries nouvelles ait produit un changement dans l'usage local : Par exemple, si des industries nouvelles exigent un bois de futaie moins âgé que celui des anciennes exploitations, les propriétaires seront amenés à couper leurs bois plus jeunes ; ils agiront ainsi dans leur droit de pleins propriétaires ; mais, pour l'usufruitier, serait-il équitable de le voir ainsi réaliser un matériel sur pied considérable et percevoir des bois qu'il n'aurait pas perçus, si l'âge d'exploitation de la localité n'avait pas varié ? Assurément non ; car il s'enrichirait alors aux dépens du nu-propriétaire.

D'autre part, supposons que des industries nouvelles demandent des bois plus âgés : l'usage local se modifiera en sens contraire ; les propriétaires actuels retarderont leurs coupes de futaie : sera-t-il équitable que l'usufruitier souffre de ces variations? Nullement ; car alors le nu-propriétaire pourrait s'enrichir aux dépens de l'usufruitier.

Le législateur ne pouvait donc pas prescrire à l'usufruitier de s'en rapporter à l'usage actuel de la localité pour l'exploitation des futaies mises en coupes. Pouvait-il indiquer l'usage ancien de la localité? Difficilement ; car les futaies sont généralement exploitées à très long terme ; en prescrivant, comme règle d'exploitation, l'usage ancien de la localité, il eût été fort difficile de déterminer exactement cet usage et surtout l'époque à choisir pour la fixation de cet usage.

La seule règle possible, pour l'exploitation des futaies, est donc celle qui a été imposée par le législateur du Code : l'usufruitier devra s'en rapporter uniquement à l'usage des *anciens propriétaires* ; cet usage se déterminera soit par les notes de la gestion, soit par expertise d'après l'aspect même de la forêt. Il ne faut pas perdre de vue que cette règle spéciale est tempérée et limitée par la règle générale de jouissance en bon père de famille.

L'article 591 du Code civil comprend, dans un texte très court et admirablement rédigé au point de vue forestier, tous les genres de futaies : les mots « *soit que ces coupes se fassent périodiquement sur une certaine étendue de terrain* » désignent les futaies exploitées par la méthode des éclaircies ou à blanc étoc ; les mots « *soit qu'elles se fassent d'une certaine quantité d'arbres pris indistinctement sur toute la surface du domaine* » s'appliquent aux futaies jardinées.

Chablis. — Dans toute futaie, qu'elle soit une futaie proprement dite ou une futaie sur taillis, et même parfois dans un taillis simple, il se produit généralement des *chablis*, c'est-à-dire des arbres déracinés ou brisés par le vent : ces arbres appartiennent-ils au nu-propriétaire ou à l'usufruitier ?

En principe, les chablis ne sont pas des fruits ; car une forêt n'est pas un immeuble destiné à produire des chablis ; ils deviennent fruits seulement par la destination que le propriétaire leur donne ; l'usufruitier devra donc suivre à ce sujet la règle établie par l'ancien propriétaire.

Si l'ancien propriétaire les déduisait de la possibilité, l'usufruitier devra agir de même ; s'il ne les déduisait pas, il devra prévenir le nu-propriétaire afin de lui permettre d'en disposer.

A défaut de règle établie par l ancien propriétaire, l'usufruitier agira en bon père de famille en les déduisant de la possibilité. Cependant, il est bien évident que, dans ce dernier cas, le droit strict de l'usufruitier est d'abandonner ces chablis au nu-propriétaire ; c'est aussi le moyen pour lui d'éviter toute contestation lors de la cessation de l'usufruit.

Si l'ancien propriétaire a déduit du revenu *tous* les chablis sans distinction d'emplacement, cette sage règle devra être observée par l'usufruitier, qui est tenu dans la jouissance des futaies de se conformer à la pratique des anciens propriétaires.

Les arbres *morts* sont réalisés conformément aux mêmes règles que les chablis.

Nous venons d'examiner les droits de l'usufruitier dans les futaies quand elles sont *mises en coupes réglées* : lorsqu'elles ne sont pas mises en coupes réglées, ou qu'elles ne sont pas déclarées telles par le titre constitutif, l'usufruitier ne peut y toucher : « Dans tous les autres cas, l'usufruitier ne peut toucher aux arbres de haute futaie ; il peut seulement employer, pour faire les réparations dont il est tenu, les arbres arrachés ou brisés par accident ; il peut même, pour cet objet, en faire abattre s'il est nécessaire, mais à la charge d'en faire constater la nécessité avec le propriétaire. » (Article 592 du Code civil).

Les futaies, sauf preuve contraire, ne sont pas considérées comme fruits ; d'après l'article 592, le seul droit de l'usufruitier sur les arbres de futaies non mises en coupes réglées consiste à prendre les arbres nécessaires aux réparations dont il est tenu. L'article 593 donne encore à l'usufruitier le droit de prendre des échalas pour les vignes, le droit de prendre, sur les arbres, des produits annuels ou périodiques, le tout suivant l'usage du pays ou la coutume du propriétaire.

L'usufruitier peut donc recueillir les glands et les fruits des arbres fruitiers qui croissent dans la forêt ; il ne s'agit pas ici, bien entendu, de la jouissance des arbres fruitiers des vergers, telle qu'elle est réglée par l'article 594 du Code civil, mais de la jouissance des arbres fruitiers se rencontrant au milieu des arbres forestiers et traités comme eux principalement pour la production du bois.

En outre, l'usufruitier a droit au parcours en forêt pour ses bestiaux ; il a le droit de chasse : on ne peut pas dire qu'il touche aux arbres de haute futaie en exerçant ces différents droits ; il recueille simplement ainsi des produits annuels ou périodiques.

Quand l'usufruitier coupe en forêt des échalas pour les vignes, en quelles essences doit-il les prendre ? Il doit couper plus spécialement des bois blancs et non pas des essences plus précieuses comme le chêne ; car il doit se comporter avant tout en bon père de famille. C'est la loi romaine.

L'article 592 du Code civil autorise l'usufruitier de toute futaie à « employer, pour faire les réparations dont il est tenu, les arbres arrachés ou brisés par accident ; il peut même, pour cet objet, en faire abattre, à la charge d'en faire constater la nécessité avec le propriétaire. » La raison de cette disposition a été exposée très logiquement au Tribunat : les arbres de futaie, au point de vue des réparations à faire à l'immeuble, sont un *instrumentum fundi ;* rien n'est plus naturel que de faire servir ce qui sort du fonds à son entretien ; le motif qui a déterminé le législateur est ici le même que celui qui l'a conduit à donner à l'usufruitier le droit de prendre des échalas pour les vignes : c'est l'intérêt de la bonne gestion du domaine ; c'est l'intérêt de tout le monde, de l'usufruitier, du nu- propriétaire, comme de la société entière dont les ressources générales s'augmentent par suite de la bonne administration des immeubles.

Si le domaine forestier soumis à l'usufruit contient des bois et des terres, on doit comprendre dans l'expression *réparations* l'entretien des outils aratoires ; l'usufruitier pourra donc demander des arbres de futaie pour ces travaux spéciaux.

Pour cette même cause de réparations, l'usufruitier peut extraire des matériaux du sol boisé, par exemple des pierres ou du sable.

Mais quand l'usufruitier recueille un arbre de futaie destiné aux réparations du domaine, peut-il s'approprier *le branchage* après l'exploitation de l'arbre ? Il résulte des termes du Code que l'usufruitier ne le peut pas. Ici le Code civil est plus sévère que la loi romaine. (L. 12, De usufr. lib. 7, tit. 1.). Mais il est aussi plus logique. Car du moment qu'un arbre de futaie, pris en corps et dans son tout, n'est pas un fruit, il ne doit pas être un fruit dans ses branchages ; les branchages appartiennent au nu-propriétaire ; il en est de même des futaies arrachées par le vent. (L. 19, § 1, De usuf. lib. 7, tit. 1).

La situation de l'usufruitier dans les forêts non mises en coupes réglées est donc peu avantageuse au point de vue pécuniaire ; il ne profite d'aucune coupe même accidentelle et rendue forcée par les dégâts du vent ou par le dépérissement des arbres ; et cependant, il paie les contributions, les frais de garde et d'entretien.

Si le domaine forestier comprend, avec la futaie, d'autres biens, l'usufruitier ne peut évidemment renoncer à son droit sur la futaie pour restreindre son usufruit aux autres biens ; il doit accepter ou refuser l'usufruit dans son intégralité.

Le nu-propriétaire peut demander au tribunal d'être autorisé à faire des coupes de nettoiement ou d'éclaircie dans la futaie non mise en coupes réglées, en se basant sur l'intérêt cultural de la forêt ; si le tribunal ordonne ces coupes, l'usufruitier n'a droit à aucune indemnité pour diminution de jouissance ; car, en effectuant ces coupes d'amélioration autorisées par le tribunal, le nu-propriétaire n'a fait qu'user de son droit : or, *neminem lædit qui suo jure utitur*. L'usufruitier ne pourrait même pas réclamer du nu-propriétaire l'intérêt des sommes ainsi retirées de la forêt; cependant, en pratique, les tribunaux sont disposés le plus souvent à accorder cet intérêt à l'usufruitier, afin de permettre au nu-propriétaire la réalisation des bois dépérissants, sans difficultés avec l'usufruitier.

Nous devons remarquer que toutes ces futaies non mises en coupes réglées sont, par destination, des futaies d'agrément ou d'ornement ; par suite l'usufruitier qui, au début de l'usufruit, connaissait la nature et la destination de ces futaies, ne doit pas se plaindre de ne pouvoir en retirer plus d'avantages matériels.

3° *Règles de jouissance des bois cultivés pour des industries spéciales.*

A. PINERAIES ET SAPINERAIES CULTIVÉES POUR LE CHAUFFAGE, LES ÉTAIS DE MINES, ET LES POTEAUX TÉLÉGRAPHIQUES.

On ne saurait ranger ces forêts dans la classe des futaies, puisqu'on les exploite avant la formation du fût, ni dans la classe des taillis, puisqu'elles ne se reproduisent pas par rejets de souche.

L'usufruitier suivra encore ici la règle de l'article 591 ; il se conformera aux époques d'exploitation et à l'usage des anciens propriétaires ; la règle d'exploitabilité à observer sera celle de l'exploitabilité technique ; l'âge et la dimension des bois seront déterminés par les exigences de l'emploi spécial auquel on les destine.

Le motif d'application de la règle prescrite par l'article 591 pour les futaies est évident : si ces forêts ne sont pas des taillis, puisqu'elles ne peuvent se régénérer par souches, si elles ne sont pas des futaies parce que leur fût n'est pas formé, elles se rapprochent bien plus des futaies que des taillis, puisqu'elles se reproduisent par semis ou plantations.

Dans ces pineraies exploitées à court terme, la régénération se fait le plus souvent par voie artificielle : l'usufruitier devra donc repeupler la forêt par semis ou par plantations, suivant les cas ; mais il ne doit pas indemniser le précédent propriétaire pour les frais de plantation des coupes qu'il réalise (art. 585 du Code civil) ; il en est de même du propriétaire à l'égard de l'usufruitier ou de ses héritiers, quand l'usufruit prend fin.

B. PIGNADAS A RÉSINE

Les pignadas à résine sont des forêts qui proviennent de semis ou de plantations ; on les éclaircit dès l'âge de six ans, en renouvelant l'éclaircie tous les cinq ans environ ; vers l'âge de vingt ans, où commence le résinage ; mais les éclaircies se continuent néanmoins de cinq ans en cinq ans ; les arbres qui doivent tomber à l'éclaircie suivante sont gemmés à mort, de manière à épuiser toute leur résine ; les autres sont gemmés à vie par des entailles ou quarres commençant au pied, s'élevant à quatre mètres environ et durant cinq ans, après lesquels on recommence une nouvelle quarre sur la face opposée, et ensuite sur les faces intermédiaires.

Quand la forêt a atteint par exemple l'âge de 80 ans, on la remplace par un nouveau semis. Les arbres qui doivent être coupés dans les éclaircies ou à la fin de la pignadas portent 3 à 4 quarres menées à 4^{m} du sol.

Un hectare de pignadas donne ainsi des fruits annuels en résine et des fruits en bois tous les cinq ans. Si on considère par exemple 80 hectares de pins de 1 à 80 ans, on peut obtenir un aménagement donnant chaque année des fruits en bois et en résine.

L'article 593 du Code civil autorise l'usufruitier à prendre, sur les arbres, les produits annuels ou périodiques ; la résine est un de ces produits annuels ou périodiques, et l'usufruitier peut évidemment en jouir suivant l'usage du pays ou la coutume des propriétaires.

Mais l'usufruitier a-t-il droit aux produits ligneux de la pignadas ? On l'a contesté ; et l'on a dit que tout les 5 ans, il y aurait une jouissance commune de l'usufruitier et du nu-propriétaire, l'un récoltant la résine et l'autre les arbres gemmés à mort.

Une pareille communauté de jouissance est absolument contraire au droit de possession exclusive de l'usufruitier et à l'obligation du nu-propriétaire de rester étranger à la gestion. Il résulterait de cette communauté que le propriétaire serait libre de rendre le gemmage improductif en refusant de desserrer les pins.

De pareilles conséquences sont en opposition avec les principes du Code civil, qui a recherché, dans toutes ses prescriptions, l'intérêt général de la société humaine.

Il faut donc attribuer à l'usufruitier les fruits ligneux, c'est-à-dire les arbres gemmés à mort, aussi bien que les fruits résineux.

La jouissance des pignadas présente une grande analogie avec celle des pépinières et des vergers ; les règles de jouissance sont les mêmes ; l'usufruitier doit jouir des choses comme le propriétaire lui-même et, par conséquent, il a droit à tous les fruits ligneux ou résineux de la pignadas.

C. CHÊNES-LIÈGE

L'exploitation des chênes-liège est, comme celle des pignadas, une exploitation comprenant des produits industriels et du bois.

La jouissance du liège est encore attribuée à l'usufruitier par l'article 593 du Code civil ; l'usufruitier profitera également du bois des chênes-liège usés, trop serrés, ou parvenus au terme de leur longévité.

L'usufruitier observera d'ailleurs la double règle de jouir en bon père de famille et comme le propriétaire lui-même. De là les déductions suivantes :

Il n'est pas tenu de borner sa jouissance aux arbres déjà en état d'exploitation industrielle ; mais il pourra faire l'opération du démasclage, c'est-à-dire l'enlèvement du liège mâle sur des arbres qui ne sont pas encore en production.

L'usufruitier doit démascler des jeunes chênes en nombre au moins égal à ceux qui sont enlevés dans la forêt ; car cette obligation rentre dans celle de jouir en bon père de famille, de conserver la forêt en bon état d'entretien, quand même il ne devrait pas profiter des opérations culturales.

Si l'usufruitier a démasclé un bien plus grand nombre de chênes que le chiffre nécessaire pour remplacer ceux qui ont disparu, il a agi en bon père de famille; il a amélioré l'exploitation; l'amélioration n'est pas un changement de substance et elle n'est pas interdite à l'usufruitier; mais il n'aura droit à aucune indemnité pour lui ou sa succession (article 599 C. civ.); car on ne peut attribuer à ce démasclage le caractère de grosses réparations; or, les grosses réparations sont les seules donnant naissance à une action d'équité, quand elles ont été faites par l'usufruitier.

D. CHATAIGNERAIES

On doit distinguer les châtaigneraies à bois et les châtaigneraies à fruits.

Les châtaigneraies à bois sont généralement exploitées en taillis à court terme (6 à 20 ans), pour la production des cercles de futaille ou des échalas; l'usufruit en est alors régi par la règle du taillis (article 590 C. civ.); mais ces châtaigneraies peuvent être exploitées en futaies de 40 ans environ, pour la production du bois de merrain; elles sont alors soumises à la règle de la futaie. (Articles 591 et 592 C. civ.).

Les châtaigneraies à fruits sont constituées par des arbres greffés et disposés comme les arbres des vergers; ou bien ils sont espacés de 15 à 20 mètres et percrûs sur des récoltes agricoles ou sur des taillis à court terme, ou bien ils sont plus serrés sur des terrains destinés au pâturage.

L'usufruitier jouira des fruits comme il jouit des fruits des vergers ; il profitera également du bois des arbres qui meurent, à charge de les remplacer par de nouvelles greffes (Article 594 du Code civil.).

Quant au sous-bois, il en jouira dès qu'il aura atteint l'âge de la maturité, que ce soit un taillis ou une récolte agricole.

E. — ARBRES D'ÉMONDE

Les arbres d'émonde, saules, peupliers, chênes ou autres essences, se rencontrent dans beaucoup de domaines forestiers ou agricoles ; ce sont des arbres cultivés pour leur branchage, qu'on exploite périodiquement à des termes généralement très courts, (5 à 8 ans).

Ces produits de branchage sont également compris dans l'article 593 parmi les fruits dont profite l'usufruitier, en se conformant à l'usage du pays ou à la coutume des propriétaires ; lorsque l'arbre d'émonde est dépérissant, son corps, attaché au fonds, appartient au nu-propriétaire, sans que l'usufruitier soit tenu de le remplacer ; car on ne peut le classer dans les arbres fruitiers désignés dans l'article 594 ; si, cependant, l'usage du pays, la coutume des propriétaires, ou bien le titre constitutif spécifiait le remplacement des arbres d'émonde, l'usufruitier devrait se conformer à cette obligation.

F. — OSERAIES

Les règles de l'article 590 du Code civil sont applicables à l'exploitation spéciale des bois d'osiers ; les oseraies sont coupées à leur maturité technique, en se conformant aux usages des lieux.

4° *Règles de jouissance des pépinières, des vergers, des mines, carrières et tourbières, des étangs, des prés-bois.*

A. — PÉPINIÈRES

L'alinéa 2 de l'article 590 du Code civil autorise implicitement l'usufruitier à jouir des fruits normalement donnés par une pépinière :

« Les arbres qu'on peut tirer d'une pépinière, sans la dégrader, ne font aussi partie de l'usufruit qu'à la charge par l'usufruitier de se conformer aux usages des lieux pour le remplacement. »

L'usufruitier recueillera donc les jeunes plants qui constituent les fruits de la pépinière, à la charge d'entretenir et de gérer la pépinière en bon père de famille, et en se conformant aux usages des lieux pour le remplacement des plants. C'est la loi romaine.

B. — VERGERS

L'article 593 du Code civil autorise l'usufruitier à recueillir les fruits des arbres fruitiers :

« Il peut prendre, dans les bois, des échalas pour les vignes ; il peut aussi prendre, sur les arbres, des *produits annuels ou périodiques* ; le tout, suivant l'usage du pays ou la coutume des propriétaires. »

L'article 594 du Code règle la jouissance des vergers en ce qui concerne le bois des arbres fruitiers :

« Les arbres fruitiers qui meurent, ceux même qui sont arrachés ou brisés par accident, appartiennent à l'usufruitier, à la charge de les remplacer par d'autres. »

La valeur des arbres fruitiers consiste surtout dans leurs fruits annuels ; le législateur n'avait donc pas à craindre que l'usufruitier fût tenté de faire mourir ces fruitiers ou de les arracher : voilà pourquoi il a donné à l'usufruitier le bois des arbres morts, arrachés ou brisés ; la mort de l'arbre fruitier est une perte pour l'usufruitier ; comme indemnité de cette perte, il est équitable qu'il puisse prendre le bois des arbres morts ; d'autant plus que le législateur, toujours dans l'intérêt général, lui impose l'obligation de les remplacer par d'autres. Le législateur du Code civil ne devait pas donner à l'usufruitier la même faculté en ce qui concerne les arbres de haute futaie ; car c'eût été l'encourager à leur destruction.

C. — MINES, CARRIÈRES ET TOURBIÈRES

Les règles de jouissance des mines, carrières et tourbières sont contenues dans l'article 598 du Code civil :

« Il jouit aussi, de la même manière que le propriétaire, des mines et carrières qui sont en exploitation à l'ouverture de l'usufruit ; et, néanmoins, s'il s'agit d'une exploitation qui ne puisse être faite sans une concession, l'usufruitier ne pourra en jouir qu'après en avoir obtenu la permission du gouvernement. Il n'a aucun droit aux mines et carrières non encore ouvertes, ni aux tourbières dont l'exploitation n'est point encore commencée, ni au trésor qui pourrait être découvert pendant la durée de l'usufruit. »

L'usufruitier ne jouit des mines et carrières qu'autant qu'elles sont *en exploitation* à l'ouverture de l'usufruit ; il en jouit *comme le propriétaire lui-même :* il peut donc exploiter lui-même et s'approprier tous les produits, ou bien louer son droit à un tiers ; si la mine était déjà louée à l'ouverture de l'usufruit, il jouit du prix du loyer dû par l'exploitant ; il n'a d'ailleurs plus besoin de permission du gouvernement, depuis que la loi du 20 avril 1810, article 7, a rendu le droit à la mine, une fois concédé, transmissible au même titre que tout autre bien ; la concession donne la propriété perpétuelle de la mine.

L'usufruitier n'a aucun droit aux mines, carrières et tourbières, qui n'étaient pas encore en exploitation lors de l'ouverture de l'usufruit.

Les mines constituent une richesse sociale dont la mise en valeur importe à l'intérêt général de la société ; la loi devait donc autoriser le gouvernement à concéder l'exploitation d'une mine, malgré l'opposition de l'usufruitier.

Supposons qu'une mine soit concédée pendant la durée de l'usufruit : de deux choses l'une, ou bien cette mine sera concédée à l'usufruitier lui-même, ou bien elle sera concédée soit au propriétaire, soit à un tiers autre que l'usufruitier ; dans le premier cas, l'usufruitier concessionnaire exploitera la mine non pas à titre d'usufruitier, mais à titre de concessionnaire direct, et il donnera une redevance au nu-propriétaire ; dans le second cas, c'est-à-dire si le propriétaire ou un tiers obtient la concession, l'usufruitier n'a aucun droit à la redevance, mais seulement à une indemnité ; cette indemnité sera calculée à raison de la partie de superficie dont l'usufruitier est privé par suite des recherches et de l'exploitation de la mine (Demolombe.)

Nous devons remarquer que le propriétaire ne pourrait ouvrir les carrières et tourbières pendant la durée de l'usufruit, qu'avec le consentement de l'usufruitier ; si la loi décide le contraire pour les mines, c'est une exception au droit commun motivée par l'importance sociale des mines.

Mais si l'usufruitier a donné son consentement pour l'ouverture d'une carrière pendant la durée de l'usufrait, pourrait-il prendre, dans cette carrière, les pierres nécessaires aux réparations dont il est tenu ? L'affirmative nous paraît logique, et on peut la déduire par analogie de l'article 592 du Code civil : rien n'est plus équitable que de faire servir aux réparations du fonds les matériaux qui sont extraits de ce fonds.

Jouissance du trésor. — En ce qui concerne le trésor découvert dans un fonds, quels sont les droits attribués à l'usufruitier en sa qualité d'usufruitier ?

L'article 598 du Code civil ne lui en accorde aucun ; si c'est l'usufruitier lui-même qui l'a découvert, il est bien certain qu'il aurait droit à la moitié donnée par la loi à l'inventeur ; mais s'il ne l'a pas découvert, il n'a aucun droit : La raison en est que le trésor n'est pas un fruit du fonds.

D. — ÉTANGS ET PRÉS-BOIS

Des étangs et des cours d'eau peuvent se trouver dans le domaine forestier soumis à l'usufruit ; la gestion des eaux et celle des forêts se tiennent intimement, et cette union intime ne date pas d'hier : le vieux mot *forest* s'appliquait, en effet, dans l'ancien temps, aussi bien aux eaux qu'aux forêts.

Le droit de l'usufruitier sur les étangs et les cours d'eau consiste à couper les roseaux et herbages, et à tirer parti du poisson conformément aux usages locaux.

Le droit de l'usufruitier sur les prés-bois a pour unique objet le pâturage des bestiaux.

Nous venons d'analyser l'objet et l'étendue du droit de l'usufruitier sur le domaine forestier ; il nous reste à examiner les questions qui concernent le mode de jouissance de l'usufruitier forestier, le mode d'acquisition des fruits, les droits de l'usufruitier sur les accessoires du fonds, les droits de l'usufruitier sur les arbres acquis par accession et sur les arbres mitoyens.

Section II. — Mode de jouissance de l'usufruitier, mode d'acquisition des fruits, droits sur les accessoires du fonds, sur les arbres acquis par accession ou mitoyens.

1° *Mode de jouissance de l'usufruitier forestier.*

L'article 595 du Code civil autorise l'usufruitier à jouir par lui-même, à donner à ferme à un autre ou même à vendre ou céder son droit à titre gratuit :

« L'usufruitier peut jouir par lui-même, donner à ferme à un autre, ou même vendre ou céder son droit à titre gratuit. S'il donne à ferme, il doit se conformer, pour les époques où les baux doivent être renouvelés, et pour leur durée, aux règles établies pour le mari à l'égard des biens de la femme, au titre du contrat de mariage et des droits respectifs des époux. »

Généralement, l'usufruitier d'une forêt jouira par lui-même en vendant les bois annuellement.

Mais il peut louer ou même vendre ou céder son droit à titre gratuit ; le locataire, le vendeur, le cessionnaire, auront les mêmes droits et les mêmes obligations que l'usufruitier lui-même.

Dans le cas de location, d'après l'article 596 du Code civil, l'usufruitier devra se conformer, pour les époques où les baux doivent être renouvelés et pour leur durée, aux règles établies pour le mari à l'égard des biens de la femme. Il en résulte que les règles des articles 1429 et 1430 sont applicables. Les baux de neuf ans et au-dessous faits par l'usufruitier devront être respectés par le nu-propriétaire ; les baux d'une durée plus longue ne seront obligatoires, pour le nu-propriétaire, que jusqu'à l'expiration de la période de neuf ans, qui est en cours lors de la cessation de l'usufruit ; le locataire ne peut qu'achever la période de neuf ans qui est en cours lors de la cessation de l'usufruit ; l'usufruitier pourra renouveler les baux en cours d'exécution trois ans avant leur expiration ; le renouvellement fait par l'usufruitier plus de trois ans avant l'expiration du bail courant serait sans effet à l'égard du nu-propriétaire, à moins que l'exécution du nouveau bail ne fût commencée lors de la cessation de l'usufruit. (Article 1430 du Code civil.)

Si le bail a été consenti par le propriétaire avant l'ouverture de l'usufruit forestier, ce bail doit être respecté par l'usufruitier, quelle que soit sa durée, mais sous la condition qu'il ait date certaine et en outre qu'il ait été transcrit, si sa durée est de plus de 18 ans.

Dans un usufruit forestier, on conçoit que le bail, régulièrement fait par l'usufruitier, puisse être un moyen de prolonger la jouissance et de faire ainsi tomber dans le droit usufructuaire des produits importants,qui sans cela eussent été perçus par le propriétaire ; le prix du bail ne représente pas toujours les produits perçus annuellement ; et la location peut devenir ainsi pour l'usufruitier un moyen d'avantager certaines personnes.

L'usufruitier peut non seulement louer, mais encore céder à titre gratuit ou onéreux l'usufruit *tel qu'il lui appartient ;* et ce n'est pas seulement l'exercice de son droit qu'il peut céder, mais son droit lui-même ; il en résulte que le cessionnaire pourrait hypothéquer ce droit d'usufruit, (Art. 2118. C. civ.), ou le céder à une autre personne ; il en résulte encore que ses créanciers pourraient le saisir.

Mais l'usufruitier, qui a cédé son droit, n'en conserve pas moins ses obligations à l'égard du nu-propriétaire ; il est toujours tenu envers lui, sauf, évidemment, son recours contre le cessionnaire. Il a pu céder ses droits, mais il n'a pas pu céder ses obligations.

L'usufruitier serait donc responsable des abus commis par le cessionnaire.

L'usufruit, même cédé, n'en continue pas moins à subsister ; or, les obligations de l'usufruitier ne peuvent prendre fin que par l'extinction complète de l'usufruit.

On a dit : « le cédant n'est plus usufruitier ; par le fait de la cession, c'est le cessionnaire qui devient usufruitier et qui par conséquent est seul tenu envers le nu-propriétaire. »

Il faut répondre que, si, en fait, le cédant n'est plus usufruitier, il continue de l'être, en droit ; ainsi c'est par sa mort, et non pas celle du cessionnaire, que s'éteindra l'usufruit. L'usufruitier, qui a transmis son droit au cessionnaire, ne lui a transmis ni son titre, ni l'intégralité de ses obligations.

2° *Mode d'acquisition des fruits par l'usufruitier forestier.*

On sait que, d'après l'article 582 du Code civil, l'usufruitier a le droit de jouir de toutes espèces de fruits naturels, industriels, civils, que peut produire l'objet dont il a l'usufruit.

L'article 583 définit *les fruits naturels* : ceux qui sont le produit spontané de la terre, (le produit et le croît des animaux sont aussi des fruits naturels) ; *les fruits industriels :* ceux qu'on obtient par la culture ; *les fruits civils :* ceux qui sont constitués par les loyers des maisons, les intérêts des sommes exigibles, les arrérages des rentes, les prix des baux à ferme. Les fruits civils sont des fruits fictifs résultant d'un contrat relatif à la chose, ils sont des fruits par la détermination de la loi.

L'usufruitier acquiert les fruits naturels et industriels *par la perception* (art. 585 C. civ.) ; au contraire, il acquiert les fruits civils *jour par jour* (art. 586 C. civ.).

Contrairement à la loi romaine, les fruits naturels et industriels seront réputés perçus par l'usufruitier dès qu'ils sont détachés du sol *même indépendamment du fait de l'usufruitier*.

Cette déduction résulte nettement de l'article 585, alinéa 2 ;

« Les fruits qui sont pendants par branches ou par racines au moment où finit l'usufruit appartiennent au nu-propriétaire. »

On doit donc en conclure que les fruits qui sont séparés du sol par quelque cause que ce soit appartiennent à l'usufruitier.

La règle que l'usufruitier fait siens les fruits naturels et les fruits industriels par la perception conduit à des résultats qui, à première vue, paraissent contraires à l'équité : ainsi un usufruit porte sur des bois taillis qui se coupent à vingt ans ; il peut arriver que, pour une jouissance de 22 ans, l'usufruitier fasse deux coupes, qui correspondent à une jouissance de 40 années ; il en sera ainsi quand l'usufruit, ouvert quelque temps avant la coupe, aura pris fin quelque temps après la coupe suivante ; inversement, si l'usufruit s'est ouvert quelques jours après la coupe et s'il a pris fin quelques jours avant l'époque de la coupe suivante, l'usufruitier pourra n'avoir rien perçu pour une jouissance de plus de 19 années.

Ces résultats, nous l'avons dit, tiennent à ce que l'usufruit est un droit essentiellement *aléatoire* ; ils n'ont rien de contraire à l'équité puisque l'usufruitier, en acceptant l'usufruit, pouvait se rendre compte du caractère aléatoire de son droit ; ils sont au contraire en harmonie avec l'intérêt général de la société, qui exige que tout fruit d'un immeuble, avant d'être récolté, ait atteint sa maturité.

L'article 585 du Code civil se termine en déclarant qu'aucune récompense n'est due entre le nu-propriétaire et l'usufruitier pour les labours et les semences ; la loi établit ainsi entre le nu-propriétaire et l'usufruitier un ensemble de chances qui se balancent ; on ne peut l'accuser d'injustice puisqu'on ne peut savoir d'avance qui, du nu-propriétaire ou de l'usufruitier, profitera de la disposition. On doit reconnaître, au contraire, que là encore la préoccupation du législateur est l'intérêt général.

La question suivante se rattachant à la nature aléatoire de l'usufruit peut se représenter dans la pratique :

Si l'usufruitier ayant vendu un taillis prêt à

être coupé, vient à mourir avant que le taillis ne soit abattu, la vente sera-t-elle valable ?

La cour de cassation, dans un arrêt du 21 juillet 1818 répond :

« Oui, car l'usufruitier avait le droit de faire cette vente, et les tiers, à l'instant de la vente, ont été saisis de la propriété (art. 1583). Le propriétaire serait tenu d'exécuter un bail de neuf ans passé par l'usufruitier ; à plus forte raison doit-il exécuter la vente d'une récolte. Ainsi les tiers pourront faire couper les bois vendus, mais ils devront en payer le prix au propriétaire, et non aux héritiers de l'usufruitier ; car ce dernier, au moment de son décès, n'avait pas acquis les fruits qui pendaient encore par branches ou par racines. »

Si le bois vendu sur pied par l'usufruitier a été coupé en partie par l'acheteur au moment où finit l'usufruit, l'usufruitier ou ses ayants-cause auront droit à une partie du prix de vente proportionnel à la quantité des bois abattus ; le surplus du prix devra appartenir au nu-propriétaire ; car ce surplus du prix est la représentation des bois non coupés, c'est-à-dire des fruits non perçus, qui lui appartiennent (Cassation, 9 août 1881).

Qu'arrive-t-il si l'usufruitier a négligé de faire une coupe à l'époque fixée ? Tout le bois qui reste sur pied, lors de la cessation de l'usufruit, appartiendra au nu-propriétaire sans aucune indemnité pour l'usufruitier (Art. 590 C. civ.). L'usufruitier n'obtient les fruits que par la perception de ces fruits, *par la coupe des bois*. Les bois, lorsqu'ils sont coupés même avant l'âge fixé par l'aménagement, avant l'âge de la maturité, appartiennent à l'usufruitier.

Mais l'usufruitier, pour cette coupe prématurée, peut être condamné à des dommages-intérêts envers le nu-propriétaire. Pour savoir si les dommages-intérêts sont dus au nu-propriétaire, il faut examiner si l'anticipation lui cause un préjudice. Prenons l'exemple suivant :

L'usufruitier a coupé à dix ans un bois taillis qui ne devait être coupé qu'à quinze ; l'usufruit a pris fin six ans après la coupe. Aucune indemnité ne sera due au propriétaire puisqu'il n'éprouve aucun préjudice. En effet, si l'usufruitier avait fait la coupe à l'époque fixée, le propriétaire trouverait à la fin de l'usufruit un taillis âgé d'un an, tandis qu'il en trouve un âgé de six ans ; il a donc avantage. Mais si l'usufruit, dans l'exemple indiqué, a fini trois ans après la coupe, le propriétaire aura droit à une indemnité. Car l'usufruitier a fait ainsi une coupe à laquelle il n'avait aucun droit, puisque l'usufruit a pris fin avan l'époque où la coupe aurait dû normalement être faite. Par suite de cette anticipation, le propriétaire trouve, à la fin de l'usufruit, un taillis âgé de trois ans seulement, au lieu d'en trouver un âgé de treize ans. Il y a donc préjudice pour lui, et préjudice causé par le fait de l'usufruitier ; donc celui-ci doit des dommages-intérêts. L'indemnité due au propriétaire sera égale à la valeur qu'aurait eue le bois, si l'usufruitier n'avait pas effectué la coupe, déduction faite de la nouvelle recrue du bois.

L'article 586 du Code civil règle l'acquisition des *fruits civils* par l'usufruitier :

« Les fruits civils sont réputés s'acquérir jour par jour, et appartiennent à l'usufruitier, à proportion de la durée de son usufruit. Cette règle s'applique aux prix des baux à ferme, comme aux loyers des maisons et aux autres fruits civils. »

L'acquisition des fruits civils par l'usufruitier est donc proportionnelle à la durée de sa jouissance.

Remarquons que le législateur dit que les fruits sont *réputés* s'acquérir ; il indique ainsi que ce n'est qu'une acquisition fictive de fruits fictifs ; car, en réalité, les fruits civils ne sont acquis que quand ils sont *échus*.

L'article 586 déclare, dans sa partie finale, que la règle d'acquisition jour par jour s'applique aussi aux prix des baux à ferme : c'est là une innovation ; on admettait auparavant que le droit au fermage devait s'acquérir au moment de la récolte faite par le fermier, probablement parce que l'on considérait le fermage comme la représentation des fruits du fonds ; le Code a fait disparaître avec raison cette anomalie ; pour tous les fruits civils, la règle d'acquisition doit être la même.

3° *Droits de l'usufruitier sur les accessoires du fonds.*

D'après l'article 596 du Code civil : « L'usufruitier jouit de l'augmentation survenue par alluvion à l'objet dont il a l'usufruit. »

Et d'après l'article 597 : « Il jouit des droits de servitude, de passage, et généralement de tous les droits dont le propriétaire peut jouir, et il en jouit comme le propriétaire lui-même. »

C'est l'application du principe que l'usufruit d'une chose s'étend à ses accessoires.

L'usufruitier doit donc, à ce point de vue, avoir le droit de chasse et de pêche sur le domaine forestier, et il en jouit comme le propriétaire lui-même.

Mais l'usufruit portant sur un fonds riverain d'un cours d'eau s'étendrait-il à l'île ou à la portion d'île que la loi attribue au propriétaire du fonds (art. 561), et aussi à la portion de terrain que la force des eaux aurait réunie au fonds? L'affirmative était admise dans l'ancien droit; c'était la solution enseignée par Domat; elle semble absolument logique.

On a objecté que le législateur, en ne parlant que du cas d'alluvion, paraît exclure les autres accroissements que le fonds peut recevoir par suite d'accession : mais il y a lieu de remarquer que l'énumération des articles 596 et 597 n'est pas limitative, puisque l'article 597 après avoir cité les droits de servitude, de passage, ajoute que l'usufruitier jouit « *généralement de tous les droits dont le propriétaire peut jouir.* » Il semble donc bien difficile d'empêcher l'usufruitier de jouir de l'île ou de la portion d'île ou de la partie de terrain transportée par les eaux, qui vient s'adjoindre au fonds primitif; d'ailleurs, cette île ou ce terrain ne sont-ils pas, dans la réalité des choses, constitués par une *somme d'alluvions*, et le législateur ne pouvait-il pas les comprendre ensemble dans le seul mot *alluvion*? Il paraît bien qu'il en doit être ainsi.

Il peut arriver que le fonds soumis à l'usufruit soit envahi par un cours d'eau qui change de lit : l'usufruitier aura-t-il droit à la jouissance de la portion de l'ancien lit attribuée au propriétaire, comme indemnité, par l'article 563?

Le motif d'équité qui a dicté l'article 563 doit

tout d'abord conduire à résoudre la question dans le sens de l'affirmative ; l'indemnité attribuée par la loi à raison d'un dommage doit profiter à tous ceux qui souffrent de ce dommage ; d'autre part, le motif juridique de cette décision est contenu comme précédemment dans l'article 597 du code civil qui donne à l'usufruitier la jouissance *de tous les droits dont le propriétaire peut jouir*.

Des droits de servitude, des droits de passage, sont très souvent attachés à un domaine forestier : l'usufruitier, d'après l'article 597, peut en jouir comme le propriétaire lui-même ; cette jouissance n'est pas seulement un droit pour l'usufruitier ; c'est, en quelque sorte, *une obligation ;* il est responsable envers le nu-propriétaire, s'il laisse éteindre la servitude ; car, il doit jouir en bon père de famille. (Art. 604 C. civ.).

4° *Droits de l'usufruitier sur les arbres acquis par accession et sur les arbres mitoyens.*

A. ARBRES ACQUIS PAR ACCESSION

L'article 553 du Code civil déclare que toutes plantations sur un terrain sont présumées faites par le propriétaire à ses frais et lui appartenir, si le contraire n'est prouvé.

Suivant l'article 554, le propriétaire du sol, qui

a fait des plantations avec des plants ne lui appartenant pas, doit en payer la valeur; il peut aussi être condamné à des dommages-intérêts, s'il y a lieu ; mais le propriétaire des plants n'a pas le droit de les enlever.

Le maître du terrain, sur lequel des plantations ont été faites, avec des plants appartenant à autrui, en deviendra donc *immédiatement* propriétaire; le précédent propriétaire des plants n'aura droit qu'à une indemnité qui comprendra la valeur des plants et des dommages intérêts, s'il y a lieu.

En droit romain, les arbres transportés dans un sol appartenaient au propriétaire du sol seulement quand ils avaient pris racine; ce moment était fort difficile à préciser, et il en résultait de nombreuses contestations ; les Romains appliquaient avec rigueur le principe qui dominait, en cette matière, leur législation : « Plantæ, quæ terra coalescunt, solo cedunt. » (Gaïus, II, § 32).

Quand les plantations ont été faites sur le terrain d'autrui, ces plantations deviennent la propriété de celui auquel appartient le fonds : « superficies solo cedit. » Mais le propriétaire du fonds doit indemniser le planteur; car nul ne doit s'enrichir aux dépens d'autrui; l'article 555 du Code civil est d'ailleurs applicable : « Lorsque les plantations, constructions et ouvrages ont été faits par un tiers et avec ses matériaux, le propriétaire du fonds a droit ou de les retenir, ou d'obliger ce tiers à les enlever. Si le propriétaire du fonds demande la suppression des plantations et constructions, elle est aux frais de celui qui les a faites, sans aucune indemnité pour lui ; il peut même être condamné à des dommages et intérêts, s'il y a lieu, pour le préjudice que peut avoir éprouvé le propriétaire du fonds. Si le propriétaire préfère conserver ces plantations et constructions, il doit le remboursement de la valeur des matériaux et du prix de la main d'œuvre, sans égard à la plus ou moins grande augmentation de valeur que le fonds a pu recevoir. Néanmoins, si les plantations, constructions et ouvrages ont été faits par un tiers évincé, qui n'aurait pas été condamné à la restitution des fruits, attendu sa bonne foi, le propriétaire ne pourra demander la suppression desdits ouvrages, plantations et constructions; mais il aura le choix, ou de rembourser la valeur des matériaux et du prix de la main d'œuvre, ou de rembourser une somme égale à celle dont le fonds a augmenté de valeur. »

L'usufruitier aura la jouissance des arbres acquis par accession, et il en jouira comme le propriétaire lui-même, suivant les distinctions déjà faites au sujet de la nature des bois.

B. Arbres mitoyens

L'usufruitier profitera de la coupe des haies mitoyennes et des arbres mitoyens de la même manière qu'il profite des arbres acquis par accession, et suivant la nature des bois.

Il importe donc à l'usufruitier de connaître les signes de mitoyenneté des arbres.

En droit romain, un arbre croissant sur la ligne séparative de deux héritages était mitoyen quand il avait des racines dans les deux héritages voisins, de part et d'autre de la limite ; de plus, il était alors commun non pas pour parts égales, mais proportionnellement à la quantité de racines, qu'il avait chez l'un et chez l'autre voisin.

Les Romains appliquaient toujours leur principe : « Plantæ, quæ terra coalescunt, solo cedunt. » Il en résultait, en pratique, des difficultés continuelles.

En droit français, la loi du 20 août 1881 a tranché la question de mitoyenneté d'une manière mathématique : *Tout arbre, planté sur la ligne séparative de deux héritages, est mitoyen, dès que son tronc touche la ligne séparative (art. 670 C. civ.).*

S'il s'agit d'une haie mitoyenne, les produits en appartiennent aux propriétaires par moitié.

(art. 669). Les arbres qui se trouvent dans la haie mitoyenne sont mitoyens comme la haie, (art. 670 C. civ.), lors même qu'ils ne toucheraient pas la ligne séparative, pourvu qu'ils fassent partie de la haie mitoyenne.

Enfin, chaque propriétaire a le droit d'exiger que les arbres mitoyens soient arrachés.

Cette règle mathématique a l'avantage de trancher toutes les contestations qui peuvent s'élever au sujet de la jouissance des arbres mitoyens.

La même loi du 20 août 1881 a limité le droit de plantation du propriétaire comme de l'usufruitier, quand la plantation a lieu près de la ligne séparative des héritages : les nouveaux articles 671, 672 et 673 du Code civil réglementent cette législation spéciale.

D'après la nouvelle loi, il n'est permis d'avoir des arbres, arbrisseaux et arbustes, près de la limite de la propriété voisine, qu'à la distance de 2 mètres de la ligne séparative des héritages pour les plantations dont la hauteur dépasse 2 mètres, et à la distance de $0^{m},50$ pour les autres plantations d'une hauteur inférieure à 2 mètres.

Telle est la règle générale ; mais la loi ne prescrit cette règle générale qu'à défaut de *règlements particuliers actuels* ou d'*usages constants et reconnus*. Or, dans presque toutes les contrées, il existe à ce sujet des règlements ou des usages constants ; ces règlements et ces usages primeront la règle générale, qui trouvera dans la pratique peu d'applications ; la loi du 20 août 1881 laisse subsister, en cette matière, tous les règlements particuliers et les usages divers donnant lieu à de nombreuses difficultés ; elle ne réalise pas l'*unité* de législation.

A côté de cette disposition sans uniformité, le nouvel article 671 pose un principe d'une uniformité absolue :

« Les arbres, arbustes et arbrisseaux de toute espèce peuvent être plantés en espaliers de chaque côté du mur séparatif, sans que l'un soit tenu d'observer aucune distance, mais ils ne pourront dépasser la crête du mur. »

Il y a des contrées où un usage constant permettait de laisser dépasser aux arbres, arbustes et arbrisseaux la crête du mur séparatif ; pourquoi supprimer ici cet usage constant, alors qu'on laisse subsister les autres usages ? D'un côté, la loi laisse en vigueur les usages locaux, d'un autre côté elle les supprime : il semble que ces dispositions discordantes n'ont pas été basées par le législateur de 1881 sur des motifs parfaitement logiques.

De plus, la loi du 20 août 1881, (nouvel article 671) réglementant les limites des plantations faites dans des héritages voisins, ne distingue pas si ces héritages consistent en terres de culture ou en bois; la distinction est, cependant, d'une extrême importance : un bois créé près d'une terre est toujours préjudiciable aux récoltes, si la plantation n'est pas faite au-delà d'une certaine distance déterminée; au contraire, un bois nouvellement créé près d'un autre bois ne lui est généralement pas préjudiciable.

Le législateur de 1881 n'a tenu aucun compte de ces notions importantes.

Le progrès réalisé par le nouvel article 671 consiste en ce qu'il n'y a plus lieu de considérer l'essence de l'arbre pour résoudre la question de savoir à quelle distance il doit être planté : qu'un arbre soit de haute tige ou qu'il soit de basse tige, il peut être planté à $0^m,50$ de l'héritage voisin, à la condition d'être maintenu à une hauteur ne dépassant pas 2 mètres; si le riverain veut le laisser croître à une hauteur plus grande, il doit le planter à une distance d'au moins 2 mètres; mais nous supposons ici que nous pouvons appliquer la règle subsidiaire posée par l'article 671, c'est-à-dire que nous sommes dans un pays dépourvu d'usages locaux à ce sujet; nous avons dit que, par suite du maintien dans chaque contrée des usages locaux, cette règle aura une sphère d'application bien restreinte; le progrès réalisé par le législateur de 1881 a donc une importance plutôt théorique que pratique.

Les nouveaux articles 672 et 673 contiennent les dispositions suivantes :

Art. 672 : « Le voisin peut exiger que les arbres, arbrisseaux et arbustes, plantés à une distance moindre que la distance légale, soient arrachés ou réduits à la hauteur déterminée par l'article précédent, à moins qu'il n'y ait *titre, destination du père de famille ou prescription trentenaire.*

« Si les arbres meurent, ou s'ils sont coupés ou arrachés, le voisin ne peut les remplacer qu'en observant les distances légales. »

Art. 673 : « Celui sur la propriété duquel avancent les branches des arbres du voisin peut contraindre celui-ci à les couper. Les fruits tombés naturellement de ces branches lui appartiennent.

« Si ce sont les racines qui avancent sur son héritage, il a le droit de les y couper lui-même.

« Le droit de couper les racines ou de faire couper les branches est imprescriptible. »

Remarquons que le nouvel article 672 reconnaît formellement le droit d'acquérir, par la destination du père de famille comme par la prescription de trente ans, au préjudice d'un voisin, le droit de conserver des arbres à une distance moindre que la distance légale.

« Il n' a jamais été contesté, dit le rapporteur de la loi de 1881, qu'au moyen d'un titre l'un des voisins pouvait acquérir le droit d'avoir sur son fonds des arbres à une distance du fonds voisin moindre que la distance légale. Il n'en était pas de même des effets que pouvait avoir la destination du père de famille. La prohibition établie par la loi constitue-t-elle une véritable servitude dont est grevée la partie du fonds dans laquelle il y a interdiction de planter, en sorte que si les arbres sont maintenus, ils ne peuvent l'être que par l'extinction d'une servitude ? Or, la destination du père de famille est, dit-on, un mode d'acquisition et un mode d'extinction des servitudes. Ou bien, au contraire, dans le droit de maintenir des arbres à une distance contraire aux prescriptions de la loi, ne s'agit-il que de l'acquisition d'une servitude au préjudice du fonds voisin ? La prohibition de planter sur son propre terrain, au lieu d'être une véritable servitude, n'est elle pas plutôt une restriction apportée, dans un intérêt général, au droit absolu de propriété ? Suivant qu'il s'agissait d'une extinction ou d'une acquisition de servitude, les auteurs ou la jurisprudence rejetaient ou admettaient la destination du père de famille ; de même qu'en se plaçant à l'un ou à l'autre de ces points de vue, ils admettaient ou rejetaient le droit de remplacer les arbres existant depuis plus de trente ans. Les controverses qui existaient à ce sujet disparaissaient devant la nouvelle rédaction de l'article 672. »

Ces nouveaux articles 672 et 673 ne sont d'ailleurs que la copie ou le simple développement de la législation de 1804.

L'usufruitier, dans les cas prévus par les articles 671, 672, 673, exerce les mêmes droits que le propriétaire. (Cassation, 5 mars 1850.) Mais, évidemment, quand il s'agit d'arbres limitrophes considérés comme futaie, dont le voisin demande l'extraction, l'usufruitier doit appeler en cause le nu-propriétaire auquel appartiennent ces arbres.

CHAPITRE IV

Obligations de l'usufruitier forestier.

Nous examinerons les obligations de l'usufruitier forestier à son entrée en jouissance, pendant sa jouissance, et à la fin de sa jouissance.

Section I. — Obligations de l'usufruitier forestier à son entrée en jouissance.

L'usufruitier d'une forêt doit, au moment de son entrée en jouissance :

1° Faire dresser un état de l'immeuble soumis à l'usufruit.

2° Fournir caution.

3° Régler les droits de mutation.

1° *État descriptif de la forêt.*

L'usufruitier doit tout d'abord faire dresser l'état de la forêt soumise à l'usufruit, conformément à l'article 600 du Code civil : « L'usufruitier prend les choses dans l'état où elles sont ; mais il ne peut entrer en jouissance qu'après avoir fait dresser, en présence du propriétaire, ou lui dûment appelé, un inventaire des meubles et un état des immeubles sujets à l'usufruit. »

Dans quelle forme cet état de l'immeuble doit-il être fait? La loi ne l'indique pas; par suite, cet état peut être fait par acte sous seing privé, si les parties sont majeures et capables, ou bien par acte notarié.

Par qui doivent être supportés les frais de cet état? Par l'usufruitier, (s'il n'en pas été dispensé par le titre constitutif,) pour ces deux motifs que cette mesure est une condition de son entrée en jouissance et que les frais d'un acte sont à la charge de celui qui a l'obligation de le faire établir.

Que doit contenir l'état des lieux? Il doit comprendre une partie générale applicable à tous les immeubles, et une partie spéciale applicable exclusivement aux forêts.

Dans la partie générale on doit décrire :

Les limites, bornes, murs, fossés,

Les chemins, leur largeur, leur direction, les parties empierrées ou en terrain naturel,

Les haies et lignes, leur largeur,

Les carrières, en distinguant celles qui sont ouvertes et dont l'usufruitier a seulement le droit de continuer l'exploitation, (art. 598 C. c.)

Les vides à repeupler, pour distinguer ceux

dont l'importance rentre dans l'entretien habituel (art. 605) et ceux qui, par leur étendue, peuvent être considérés comme de grosses réparations dont l'usufruitier n'est pas tenu,

Les pépinières, (art. 590),

Les maisons et les bâtiments, s'il en existe, etc.....

La description *spéciale*, uniquement applicable aux forêts comprend :

L'indication du mode de traitement en taillis simple ou composé, ou en futaie,

L'indication de l'aménagement, de l'âge et de la méthode d'exploitation,

Le nombre des parcelles, leur contenance, l'âge des bois qu'elles contiennent chacune,

L'état du peuplement, sa densité plus ou moins grande, sa végétation plus ou moins vigoureuse, la nature des essences et leur proportion,

Dans un taillis composé, le nombre, le diamètre, l'essence, l'âge des baliveaux et des autres réserves,

La nature du sous-bois, les espèces qui le composent,

Dans une futaie le nombre et la dimension, approximativement, des arbres qui la composent,

Les spécialités du traitement cultural,

En un mot, toutes les indications, tous les renseignements qui peuvent être utiles à la vérification ultérieure de la jouissance.

Cet état de lieux a, en effet, une importance

capitale; car il doit servir à vérifier la jouissance de l'usufruitier, à examiner si l'usufruitier a joui réellement en bon père de famille.

Ces vérifications peuvent être faites soit pendant la jouissance, soit à la fin de la jouissance de l'usufruitier.

Faites en cours de jouissance, elles ont pour but de rechercher si les abus ou les dégradations, dont se plaint le nu-propriétaire, sont assez graves pour entraîner des dommages-intérêts ou même la déchéance de l'usufruit. (Code civil art. 618).

Faites à la cessation de l'usufruit, les vérifications de jouissance indiquent s'il y a lieu, pour le propriétaire, de demander une indemnité à la succession de l'usufruitier.

La cour de Paris, par un arrêt du 12 décembre 1811, avait décidé que les dommages-intérêts n'étaient exigibles qu'à la fin de l'usufruit; cette jurisprudence avait les conséquences les plus fâcheuses pour les intérêts du nu-propriétaire; c'était un encouragement à la dégradation de la nue propriété; l'action n'étant recevable qu'à la fin de l'usufruit, le nu-propriétaire était réduit à assister à la ruine de son bien, sans pouvoir agir. La jurisprudence ne pouvait rester dans cette voie; elle apprécie maintenant la question d'une manière complètement différente. (Liège, 1er juillet 1842. Cassation, 10 janvier 1859).

Ces vérifications de jouissance se basent sur l'état de lieux ; sans cet état, il n'est guère possible d'avoir une règle certaine pour trancher les contestations.

On a dit, et la jurisprudence l'a confirmé, que, en l'absence de l'état de lieux, l'usufruitier est présumé avoir reçu l'immeuble en bon état ; cette règle résulte d'une présomption tirée de l'article 1731 du Code civil ; mais l'article 1731 concerne le contrat de louage et spécialement les réparations locatives ; nous ne pensons pas qu'on puisse étendre cette présomption à l'usufruit.

Pour la même raison, la preuve par la commune renommée admise par l'article 1415 ne nous paraît pas acceptable ; car ce genre de preuve est spécial à la femme mariée ; c'est une disposition de faveur, qui ne peut être étendue au cas de l'usufruit.

D'autre part, nous ne nous trouvons pas dans le cas où l'article 1348 autorise la preuve testimoniale.

Donc, les prétentions réciproques du nu-propriétaire et de l'usufruitier, ou de leurs ayants-cause, ne pourront s'appuyer sur aucune règle certaine, s'il n'a pas été fait d'état de lieux ; seule, l'étude de la forêt pourra fournir quelques indications aux experts ; mais ces indications ne pourront jamais conduire à des résultats certains et équitables.

L'état des lieux devra-t-il contenir l'évaluation en argent de la superficie boisée ? Non ; car cette évaluation ferait croire qu'en vertu du principe « *Estimation vaut vente* » l'usufruitier est propriétaire de la superficie, tandis qu'il en a seulement la jouissance dans des conditions déterminées par la loi ; l'usufruitier, nous l'avons vu, doit, à l'expiration de l'usufruit, non pas rendre le sol plus un certain matériel de bois ou une certaine somme d'argent, mais il doit rendre la forêt en bon état de gestion, après avoir joui en bon père de famille.

L'état de lieux devra-t-il contenir l'estimation du volume des bois sur pied ? Ce n'est pas plus nécessaire que l'estimation en argent ; car, nous l'avons vu, l'usufruitier n'est nullement tenu de rendre à la cessation de l'usufruit le même volume de bois qu'à la naissance de l'usufruit ; si même on le supposait astreint à rendre à la fin de l'usufruit le même volume qu'au commencement, cette obligation ne serait d'aucune garantie ; si on considère une forêt contenant 10,000 mètres cubes en gros bois de 10 francs le mètre cube, ayant une valeur totale de 100,000 francs, rien n'empêcherait l'usufruitier de dégrader le boisement en rendant la même forêt avec un matériel de 10,000 mètres cubes en petit bois de 5 francs d'une valeur totale de 50,000 francs.

Le défaut d'état de lieux entraîne-t-il une sanction ? Le nu-propriétaire, en vertu de l'article 600 du Code civil, peut empêcher l'usufruitier d'entrer en jouissance ; mais si l'usufruitier est entré en jouissance sans faire dresser l'état prescrit par la loi, le défaut d'état ne ferait pas perdre à l'usufruitier son droit aux fruits, ni, à fortiori, son droit d'usufruit lui-même, sauf dans le cas prévu par l'article 1442 du Code civil.

Nous avons vu, en cas de défaut d'état, que le nu-propriétaire n'est admis à prouver la consistance du boisement, ni par la commune renommée, ni par témoins, et que, d'autre part, la présomption que l'immeuble était en bon état d'entretien n'existe pas dans le cas d'usufruit.

La sanction du défaut d'état, au cas où l'usufruitier s'est mis en possession et a déjà perçu des fruits, consiste donc exclusivement dans le droit de demander une expertise ; et cette expertise ne pourra se baser que sur l'examen attentif et l'étude de la forêt ; le nu-propriétaire pourrait être lésé, s'il n'avait pas immédiatement réclamé l'état des lieux, en demandant au tribunal de fixer un délai à l'usufruitier pour faire procéder à cet état descriptif.

L'usufruitier est-il tenu de rendre compte au propriétaire des fruits qu'il a perçus avant d'avoir fait procéder à l'état des immeubles ?

La jurisprudence a décidé la négative. (Grenoble, 27 mars 1824. — Bordeaux, 2 mai 1876.)

La cour de Grenoble se base sur les motifs suivants : « Considérant que l'article 600 (qui n'appartient pas à la section sur les causes qui peuvent faire cesser l'usufruit) ne dispose absolument rien de semblable, et que, d'ailleurs, il résulte de divers autres articles du Code, que l'usufruitier a droit aux fruits du moment de l'ouverture de l'usufruit ; considérant que l'héritier de la nue propriété peut provoquer l'inventaire, faire fixer un délai à l'usufruitier pour y faire procéder, et demander qu'à défaut de ce faire les biens soient mis en séquestre, tout comme dans le cas du défaut de caution ; qu'il peut aussi exercer telle action que de droit, si l'usufruitier a commis des détournements ou des malversations ; considérant que le but du législateur, en prescrivant un inventaire, a été que tout ce qui était sujet à l'usufruit fût constaté et décrit, afin de rendre efficace la charge imposée à l'usufruitier par l'article 578, de conserver la substance de la chose léguée, c'est-à-dire à l'effet qu'à la fin de l'usufruit, la conduite où l'administration de l'usufruitier pût être appréciée et jugée d'après le résultat de l'inventaire, et que l'héritier de la nue propriété pût, selon les circonstances, réclamer des dommages-intérêts. »

L'usufruitier peut-il être dispensé, par le titre constitutif de l'usufruit, de faire dresser l'état de l'immeuble soumis à l'usufruit ? Il faut décider que cette obligation est d'ordre public, conformément à l'article 6 du Code civil. Si l'usufruitier en est dispensé par le titre, le nu-propriétaire n'en a pas moins le droit de faire dresser l'état descriptif de la forêt contradictoirement avec l'usufruitier ; s'il en était autrement, le nu-propriétaire se trouverait dans l'impossibilité de se procurer un titre régulier pour lui permettre d'établir la consistance de l'immeuble, dans l'impossibilité de déjouer la mauvaise foi de l'usufruitier, qui dégraderait le sol boisé.

Nous devons d'ailleurs remarquer que la loi, qui autorise la dispense de fournir caution (article 601), n'autorise nulle part celle de dresser inventaire.

Mais il est bien évident que l'usufruitier peut être affranchi, par le titre constitutif, de l'obligation de supporter les frais de l'état descriptif.

2° *Caution.*

Aux termes de l'article 601 du Code civil, « L'usufruitier donne caution de jouir en bon père de famille, s'il n'en est dispensé par l'acte constitutif de l'usufruit ; cependant, les père et mère ayant l'usufruit légal du bien de leurs enfants, le vendeur ou le donateur, sous réserve d'usufruit, ne sont pas tenus de donner caution. »

La caution fournie par l'usufruitier est responsable des abus de jouissance commis par lui, et aussi de la restitution du domaine soumis à l'usufruit.

Cette caution est une caution légale, puisqu'elle est imposée par la loi ; donc elle doit réunir les conditions exigées par les articles 2018 et 2019 ; en d'autres termes, elle doit avoir : 1° la capacité de contracter, 2° un bien suffisant pour répondre de l'objet de l'obligation, 3° son domicile dans le ressort de la cour d'appel où elle doit être donnée ; de plus, sa solvabilité ne s'estime qu'eu égard à ses propriétés foncières, (excepté en matière de commerce ou lorsque la dette est modique) ; on n'a point égard, pour l'évaluation de cette solvabilité, aux immeubles litigieux, ou à ceux dont la discussion deviendrait trop difficile par l'éloignement de leur situation :

L'usufruitier, en principe, est donc obligé de fournir caution ; mais il y a des *exceptions à cette règle :*

1re *Exception : quand il en est dispensé par le titre constitutif de l'usufruit.*

Cependant, même dans cette hypothèse, le nu-propriétaire peut exceptionnellement exiger une caution de l'usufruitier dans les cas suivants : 1° si l'usufruitier commet des abus de jouissance sûr le sol boisé ; en effet, le tribunal peut alors le déclarer déchu de son droit, (article 618) ; à fortiori peut-il l'obliger à donner caution ; 2° si le désordre survenu dans les affaires de l'usufruitier met en péril les droits du nu-propriétaire, (Cassation, 22 octobre 1889) ; 3° si l'usufruitier agit en fraude des droits du nu-propriétaire, par exemple en vendant tous ses biens, pour rendre illusoire le recours du nu-propriétaire. (Cass. 26 mars 1889).

En un mot, la caution semble pouvoir être réclamée de l'usufruitier, qui en a été dispensé, « toutes les fois que, par sa faute et même par son simple fait, l'usufruitier met en péril les droits de l'usufruitier. » (Cassation, 11 juillet 1888).

Nous devons mentionner encore le cas d'expropriation pour cause d'utilité publique de tout ou partie de la forêt soumise au droit d'usufruit. L'usufruitier, alors, touche l'indemnité d'expropriation et en jouit pendant toute la durée de l'usufruit ; mais, il doit fournir caution, *même s'il en est dispensé*. Seuls, les père et mère ayant la jouissance légale de l'article 384 sont exceptés de cette règle (article 49 de la loi du 3 mai 1841).

2me *Exception : quand il s'agit des père et mère ayant l'usufruit légal du bien de leurs enfants.* (*Article* 601 C. civ.).

3me *Exception : quand il s'agit d'un vendeur ou d'un donateur sous réserve d'usufruit.* (article 601 C. civ.).

4me *Exception : quand il s'agit de l'usufruit marital.* L'usufruit marital est celui qui existe au profit du mari sur les biens de la femme, sous les divers régimes matrimoniaux (art. 1550 C. civ.).

En dehors des exceptions que nous venons d'énumérer, tout usufruitier est tenu de donner caution. Le nu-propriétaire a le droit de s'opposer à l'entrée en jouissance, tant que cette obligation n'est pas accomplie.

Qu'arrive-t-il si l'usufruitier ne trouve pas de caution ?

L'article 602 nous répond : « Si l'usufruitier ne trouve pas de caution, les immeubles sont donnés à ferme ou mis en séquestre ; — les sommes comprises dans l'usufruit sont placées ; — Les denrées sont vendues, et le prix en provenant est pareillement placé ; — Les intérêts de ces sommes et les prix des fermes appartiennent en ce cas à l'usufruitier. »

Mais, tout en fournisant une caution, l'usufruitier peut avoir mis du retard à la donner ; on peut se demander quelles sont les conséquences de ce retard.

Aux termes de l'article 694 du Code civil, « Le retard de donner caution ne prive pas l'usufruitier des fruits auxquels il peut avoir droit ; ils lui sont dus, au moment où l'usufruit a été ouvert. »

En principe, l'usufruitier a droit aux fruits *dès que l'usufruit est ouvert* ; mais dans le cas d'une constitution d'usufruit *par testament* le jour de *l'ouverture du droit d'usufruit* ne coïncide pas avec le point de départ du *droit aux fruits* : le jour de l'ouverture du droit d'usufruit est le *jour du décès* du testateur (art. 1014) ; le point de départ du droit aux fruits est le *jour de la demande en délivrance* (art. 1014), qui est nécessairement postérieur à l'ouverture du droit. L'article 604, qui parle de fruits « dus au moment où l'usufruit a été ouvert », a évidemment en vue le point de départ du droit aux fruits et non pas le jour de l'ouverture du droit d'usufruit ; car la première partie de cet article indique clairement qu'il s'agit de fruits *auquels l'usufruitier peut avoir droit* ; or, dans le cas de constitution d'usufruit par testament, l'usufruitier n'a pas droit aux fruits perçus entre le jour du décès du testateur et le jour de la demande en délivrance.

3° *Frais de mutation.*

A. PRINCIPES GÉNÉRAUX

En règle générale, l'usufruitier doit le paiement des frais de mutation de l'usufruit. Il lui importe donc de connaître la législation relative à ces droits de mutation ; elle est contenue dans la *loi du 22 frimaire an VII*. L'usufruitier a le plus grand intérêt à examiner attentivement les droits du Trésor, déterminés par cette loi. Bien rares, en effet, sont les déclarations de mutations de bois et forêts, qui n'entraînent pas des réclamations de la part des agents de l'Enregistrement.

Au moment où l'usufruit est séparé de la propriété, le nu-propriétaire acquitte, en règle générale, le droit de mutation sur la valeur entière de la propriété.

Moyennant ce paiement, la réunion ultérieure de l'usufruit à la nue propriété s'opère sans acquitter un nouveau droit.

Tant que dure le démembrement de propriété, les mutations successives de l'usufruit ou de la nue propriété donnent ouverture au droit, seulement sur la valeur de l'usufruit, ou seulement sur la valeur de la nue propriété.

Ainsi, le nu-propriétaire doit l'impôt par anticipation pour *l'expectative* de l'usufruit ; il semble qu'on devrait pouvoir en déduire, comme règle générale, l'exemption de l'impôt, dans tous les cas, pour la consolidation ; il n'en est rien : en matière de vente simultanée de l'usufruit à une personne et de la nue-propriété à une autre, le nu-propriétaire ne paye aucun droit pour l'expectative de l'usufruit; tandis que, si le vendeur se réserve l'usufruit, le droit à la charge du nu-propriétaire est liquidé sur la valeur entière de la propriété.

Maintenant, si nous examinons le mode d'évaluation de l'usufruit admis par la loi pour le paiement par anticipation imposé en général au nu-propriétaire, nous constatons ce résultat bizarre que, dans certains cas, (vente de la nue propriété avec réserve d'usufruit), la valeur de l'usufruit est considérée comme égale *au tiers* de la toute propriété, alors que, dans tous les autres cas, cette valeur est fixée à la moitié. La loi a donc deux poids et deux mesures.

En 1880, l'administration de l'Enregistrement a fait présenter à ce sujet un projet de réforme ; mais ce projet avait pour conséquence de réduire d'environ huit millions les recettes du Trésor ; il a été rejeté par la commission du budget.

B. MODE DE PERCEPTION DES DROITS DE MUTATION SUR L'USUFRUIT LORS DU DÉMEMBREMENT DE LA PROPRIÉTÉ.

Tantôt l'usufruit est constitué jusqu'au décès de l'usufruitier : c'est l'usufruit ordinaire ; tantôt il est constitué pour un temps déterminé : c'est l'usufruit temporaire.

I. — *Usufruit ordinaire.*

La valeur de la forêt est déterminée pour la transmission de l'usufruit seulement, soit entre vifs, soit par décès, par l'évaluation qui en sera portée à dix fois le revenu du fonds ou le prix du bail courant, sans distraction des charges : telle est la détermination de valeur admise par la loi du 22 frimaire an VII, (article 15, n° 8) ; l'article 2 de la loi du 21 juin 1875 a étendu cette évaluation à douze fois et demi le revenu, (25 fois le revenu pour la pleine propriété, mais seulement pour les biens ruraux).

II. — *Usufruit temporaire fixé pour une durée inférieure à 12 ans 1/2.*

La loi ne donne aucune indication à ce sujet ; mais il est bien certain que l'évaluation à douze fois et demi le revenu suppose un usufruit pouvant durer douze ans et demi ou plus ; quand l'existence du droit est limitée à une durée moindre, on ne se trouve plus dans la prévision de la loi.

On doit recourir alors à la déclaration estimative et à la rectification au moyen de l'expertise. (art. 16 de la loi du 22 frimaire an VII). Mais cette prescription n'est pas justifiée, puisque l'administration de l'Enregistrement possède une base estimative : il suffit, en effet, de multiplier le revenu par le nombre des années de l'usufruit ; ce système a été appliqué par une délibération du 13 avril 1830.

III. — *Usufruit temporaire fixé pour une durée supérieure à 12 ans 1/2.*

Le système que nous venons d'indiquer n'est pas applicable au cas où l'usufruit doit durer plus de 12 ans et demi pour les immeubles ruraux comme les forêts.

Dans ce cas, la vie de l'usufruitier n'en est pas moins le délai maximum assigné par la loi à la durée de l'usufruit ; l'évaluation faite à forfait par la loi fiscale pour déterminer la valeur de cette jouissance, d'après sa durée probable, doit donc recevoir son application, et l'usufruit ainsi constitué doit être assimilé à l'usufruit viager ; le revenu de la forêt sera multiplié par 12 et demi, pour fournir l'évaluation cherchée.

IV. — *Détermination du revenu de la forêt, tel que l'entend le fisc.*

Nous avons dit que le droit de mutation relatif à l'usufruit était déterminé, en règle générale, en multipliant par 12 1/2 le revenu de la forêt ; il importe donc de savoir ce que l'administration de l'Enregistrement comprend par *revenu* de la forêt.

Une instruction de l'administration de l'Enregistrement en date du 15 décembre 1827, n° 1229, prescrit le procédé suivant pour la détermination du revenu :

« Si la forêt est affermée ou aménagée, la connaissance du revenu s'obtient en cumulant les produits de toutes les coupes exploitées pendant une révolution d'aménagement, (c'est-à-dire pendant toute la durée de l'aménagement), et en divisant le total, pour former un produit moyen, par le nombre d'années de cette révolution. »

« Pour un bois non affermé ni aménagé, il faut diviser le prix de la coupe des bois, supposés exploités en une seule fois, par le nombre d'années pendant lesquelles a duré leur croissance. »

L'administration de l'Enregistrement fait donc une distinction entre les forêts affermées ou aménagées et celles qui ne le sont pas.

Remarquons tout d'abord que cette distinction est tout-à-fait arbitraire. Il n'est pas d'usage d'affermer une forêt ; de plus, si l'on excepte quelques taillis loués et exploités régulièrement à court terme, il n'existe pas de forêts aménagées dans le sens théorique et rigoureux du mot ; jamais une forêt n'est disposée par classes d'âges régulièrement gradués, de manière à donner tous les ans un revenu parfaitement égal ; par suite des besoins de la vie et des influences climatériques, il y a presque toujours eu des coupes plus ou moins irrégulières.

Mais si l'on se trouve même en présence d'une forêt conforme au type théorique, il est vrai de dire, avec un forestier éminent, que le procédé indiqué est le plus souvent *impraticable*, et toujours *inexact* :

« *Impraticable*, — car quel est le propriétaire qui pourrait fournir le relevé des coupes faites dans une forêt pendant 25 à 30 ans, âge habituel de l'exploitation des taillis ? Si la forêt est exploitée à long terme, à 100 ou 150 ans, par exemple, comment pourra-t-on remonter aussi haut dans son histoire ? »

« *Inexact*, — car, à supposer qu'un pareil relevé soit possible, il ne fournirait jamais le revenu de la forêt, telle qu'elle existe actuellement. Nul ne sait, en effet, si les coupes antérieures ont laissé la forêt dans le même état, si elles ont amoindri le capital ou si elles l'ont enrichi par des économies. »

Pour les forêts non aménagées, le procédé de l'enregistrement est toujours applicable mais toujours inexact : il consiste à diviser la valeur de la superficie actuelle de la forêt par l'âge des bois, et à considérer ce quotient comme le revenu de la forêt.

Si on imagine un taillis simple de 20 hectares, qui, après avoir été exploité à 20 ans, est âgé de 2 ans au moment où l'usufruit est établi, on trouverait pour la superficie constituée par des baguettes une valeur nulle, et pour le revenu une valeur également nulle ; si, au contraire, l'usufruit commence au moment où le taillis est âgé de 20 ans, et possède une valeur superficielle de 1,000 francs par hectare, on aurait le revenu en divisant 1,000 par 20, ce qui donnerait 50 francs par hectare.

De pareils résultats démontrent l'inexactitude du système d'évaluation prescrit par le fisc.

Pour l'évaluation exacte du revenu, il serait nécessaire de tenir compte de ce fait : c'est que la valeur des peuplements forestiers croît avec l'âge, non pas proportionnellement à cet âge, mais beaucoup plus rapidement ; la loi de cette croissance est variable avec chaque peuplement, avec chaque essence, avec chaque nature de terrain ; chaque croissance annuelle apporte à la forêt, par année, une augmentation différente non seulement en volume, mais aussi en argent ; ainsi la feuille de 16 ans vaut plus que celle de 15 ans, celle-ci plus que celle de 14 ans, et ainsi de suite, parce que le mètre cube prend chaque année un prix amélioré par l'âge du bois. Le fisc ne tient aucun compte de ces faits.

Il ne tient pas compte davantage de la variété des âges qui peut exister dans une ou plusieurs parcelles de la forêt ; il ne donne aucune indication sur la façon dont on devra procéder, par exemple pour les forêts jardinées ou pour celles traitées en taillis sous futaie. Doit-on rechercher l'âge moyen des peuplements et diviser la valeur superficielle par cet âge moyen ? Ou bien doit-on répartir la surface de la forêt en parties supposées peuplées par les groupes d'arbres du même âge et diviser les valeurs superficielles de chaque groupe par leur âge ? Il aurait été nécessaire de donner des indications à ce sujet ; car les résultats donnés par chacun de ces procédés peuvent être différents.

L'évaluation du revenu faite par l'administration de l'Enregistrement repose donc sur des bases complètement arbitraires. L'administration ne s'appuie d'ailleurs sur ces bases simplement indicatives que lorsqu'elle peut s'en servir pour augmenter les déclarations des contribuables.

Revenons à l'exemple donné plus haut, c'est-à-dire au cas d'un taillis de 20 hectares exploité en entier à 20 ans, deux ans avant la naissance de l'usufruit; l'Administration, si elle s'en tenait à la lettre de ses instructions, ne pourrait percevoir le droit relatif à ce taillis de deux ans que sur un revenu insignifiant ou nul ; elle devrait n'évaluer le revenu qu'à l'aide d'une superficie âgée de deux ans ; dans la pratique, elle ne s'en tiendra pas là, et elle remontera aux produits des exploitations antérieures, pour arriver à une évaluation non moins arbitraire, mais bien plus élevée.

En réalité, dans une forêt, la richesse soumise à l'impôt devrait toujours se décomposer en deux parties : *le sol* lui-même évalué suivant son degré de fertilité, abstraction faite des bois, et la *superficie* en bois évaluée suivant sa *valeur d'avenir* ; si en effet on ne tenait compte que de la *valeur actuelle*, on arriverait nécessairement à des inconséquences : par exemple, deux taillis ont été récemment coupés et ont tous deux une valeur superficielle sensiblement nulle ; mais les rejets de souche sont très vigoureux et très nombreux dans l'un, très rares et très chétifs dans l'autre : serait-il équitable d'apprécier au même chiffre ces deux superficies boisées? Evidemment non.

C'est sur ces deux éléments, sol et superficie appréciée suivant sa valeur d'avenir, que devrait porter l'évaluation du fisc. Il n'en est rien. Dans la pratique, le fisc perçoit d'abord le droit d'après les déclarations des contribuables ; puis, le plus souvent, il demande une augmentation du droit en donnant comme motif l'insuffisance des déclarations ; généralement, quand les taxations en supplément de droits ne sont pas trop élevées, le contribuable se soumet, préférant ce paiement au frais d'un procès.

Presque toutes les mutations de bois et forêts donnent lieu à ces difficultés qu'une législation fiscale plus précise ferait disparaître.

Il ne faut pas confondre ce revenu indiqué par la loi du 22 frimaire an VII avec celui dont il est question dans la loi concernant l'impôt foncier. (3 frimaire an VII.)

Le revenu visé par la loi du 22 frimaire an VII constitue la base de l'impôt *indirect* de mutation sur le capital formé par 25 fois ce revenu ; celui dont il est question dans la loi relative à l'impôt foncier a pour objet d'établir la contribution *directe* foncière sur le fruit moyen de la forêt.

Dans l'évaluation du premier, on ne doit pas retrancher les charges ; dans l'estimation du second on doit retrancher les frais de garde et d'entretien. Le premier correspond à la dernière feuille en argent du bois ; le second correspond au revenu moyen et habituel des bois exploités pour les besoins habituels, daas la localité considérée.

Le revenu imposable est obtenu au moyen du coefficient attaché à chaque parcelle de terre, pour la répartition de l'impôt foncier ; il ne coïncide donc nullement avec le revenu des aménagements effectués, ou avec le revenu des déclarations de succession faites par les propriétaires de bois.

Pour déterminer *le revenu foncier imposable*, on évalue dans la localité *l'âge habituel et moyen* de l'exploitation des bois *autres que la futaie*; la futaie, résultat des épargnes en matériel de bois, n'est pas comprise dans cette estimation).

Cet âge étant fixé par une appréciation de la culture moyenne en bois autres que la futaie dans la localité, on détermine la production par année moyenne, à cet âge.

Puis on applique à cette production le prix du mètre cube à l'âge de l'exploitation adoptée, en tenant compte des divers usages de l'exploitation et de la proportion habituelle des marchandises.

On peut évidemment prendre d'autres méthodes pour l'estimation du revenu imposable ; mais toujours, on doit retrancher la futaie, la remplacer, dans la pensée, par des bois de l'âge habituel et moyen des exploitations locales, et choisir un mode de calcul comparable avec celui des terres non boisées.

C. TRANSMISSIONS SUCCESSIVES DE L'USUFRUIT PENDANT LE DÉMEMBREMENT DE LA PROPRIÉTÉ. — RÉUNION DE L'USUFRUIT A LA NUE PROPRIÉTÉ PAR LA CONSOLIDATION.

La loi fiscale ne traite pas des transmissions successives de l'usufruit pendant le démembrement de la propriété.

Certainement, la perception du droit, opérée au moment de la constitution de l'usufruit, sur la pleine propriété, équivaut au paiement par anticipation de l'impôt applicable à la réunion ultérieure de l'usufruit à la nue propriété ; certainement aussi, lorsque la nue propriété, isolée de la jouissance, subit une transmission, il n'y a plus de droit à payer pour le retour de l'usufruit, puisque ce droit a été acquitté lors de la constitution de l'usufruit. La seule taxe exigible dans ce cas est le droit applicable à la nue propriété seulement, c'est-à-dire la moitié de la taxe due pour la propriété entière.

Mais quand c'est l'usufruit seul qui subit une transmission intermédiaire entre sa naissance et sa réunion à la nue propriété, le fisc perçoit pour cette transmission la taxe applicable à l'usufruit, c'est-à-dire la moitié de la taxe due pour la propriété entière.

Lorsqu'il s'agit de la réunion de l'usufruit à la

nue propriété, les règles de la perception sont contenues dans les articles 15 §§ 6 et 7, et 68, § 1, n° 42, de la loi du 22 frimaire an VII.

Article 15, § 6. — Si l'usufruit est réservé par le vendeur, il sera évalué à la moitié de tout ce qui forme le prix du contrat, et le droit sera perçu sur le total ; mais il ne sera dû aucun droit pour la réunion de l'usufruit à la nue propriété ; cependant, si elle s'opère par un acte de cession, et que le prix soit supérieur à l'évaluation qui en aura été faite pour régler le droit de translation de propriété, il est dû un droit, comme supplément, sur ce qui se trouve excéder cette évaluation. Dans le cas contraire, l'acte de cession est enregistré au droit fixe.

Article 15, § 7. — D'après cet article, la valeur de la propriété, de l'usufruit, et de la jouissance est déterminée pour les transmissions de propriété entre vifs, à titre gratuit, et celles qui s'effectuent par décès, par l'évaluation qui sera faite et portée à vingt-cinq fois le produit des biens, ou le prix des baux courants, sans distraction des charges. Il ne sera rien dû pour la réunion de l'usufruit à la nue propriété, lorsque le droit d'enregistrement aura été acquitté sur la valeur entière de la propriété.

Article 68, § 1, n° 42. — Sont sujettes au droit fixe d'un franc les réunions de l'usufruit à la propriété, lorsque la réunion s'opère pas acte de cession, et qu'elle n'est pas faite pour un prix supérieur à celui sur lequel le droit a été perçu lors de l'aliénation de la propriété.

Donc, pour déterminer l'exigibilité de l'impôt lors de la réunion de l'usufruit à la nue propriété, il suffit de remonter à la mutation originaire. Si le droit n'a été payé par le nu-propriétaire que sur la valeur de la nue propriété, on perçoit le droit de mutation sur l'usufruit acquis par le nu-propriétaire. Si, au contraire, le droit a été perçu à l'origine pour l'expectative de l'usufruit, le droit fixe est seul exigible.

Dans l'extinction *naturelle* de l'usufruit, par exemple par la mort de l'usufruitier, par l'arrivée du terme, il n'y a pas, à vrai dire, mutation ; un droit éteint ne peut être transmis ; donc il n'y a pas lieu alors de percevoir un droit, lors même que le droit n'a pas été perçu par anticipation. Il est aujourd'hui définitivement admis qu'aucun droit n'est exigible en cas d'extinction *naturelle* de l'usufruit, sans qu'il y ait lieu de distinguer si le droit a été acquitté par anticipation lors du démembrement de la propriété, ou s'il ne l'a pas été. Le droit de mutation n'est dû que lors de la réunion anticipée de l'usufruit à la nue propriété, opérée par acte translatif ; ce droit de mutation est exigible toutes les fois qu'il n'a pas été perçu, lors du démembrement, sur la valeur de la toute propriété.

D. Réunion de la nue propriété a l'usufruit. — Extinction de l'usufruit prononcée par les tribunaux.

L'article 15 n° 8 de la loi du 22 frimaire an VII dispose ainsi : « Lorsque l'usufruitier, qui aura acquitté le droit d'enregistrement pour l'usufruit, acquerra la nue propriété, il payera le droit d'enregistrement sur sa valeur, sans qu'il y ait lieu d'y joindre celle de l'usufruit. »

La valeur de la nue propriété comme celle de l'usufruit sera évaluée en multipliant par 12 1/2 le revenu déterminé de la manière arbitraire que nous avons indiquée.

Dans la pensée du législateur, qui n'a pris en considération ni l'âge ni le nombre des usufruitiers, la nue propriété et l'usufruit sont de même valeur et représentent chacun la moitié de la valeur de la toute propriété.

Lors du démembrement de la propriété, l'usufruit a été soumis à la perception sur un capital égal à la moitié de la valeur de la propriété entière; en acquérant la nue propriété, l'usufruitier est soumis, pour compléter la perception sur la valeur totale, au payement du droit sur la moitié non encore soumise à l'impôt.

Une question délicate et spéciale peut se poser quand il s'agit d'une extinction d'usufruit prononcée par le juge : D'après l'article 618 du Code civil, les juges peuvent prononcer l'extinction d'un usufruit pour abus de jouissance, ou bien imposer au nu-propriétaire, qui recouvre la jouissance, l'obligation de payer une somme à l'usufruitier. Dans cette deuxième hypothèse du recouvrement de jouissance moyennant une somme, le jugement équivaut, d'après le fisc, à une cession de l'usufruit à titre onéreux et ce recouvrement est assujetti à l'impôt.

Mais, dans le premier cas (extinction de l'usufruit pour abus de jouissance), la question est plus complexe ; les uns assimilent ce cas à celui où l'usufruit cesse par le décès de l'usufruitier ; les autres disent que la déchéance est prononcée par un jugement, et que tous les jugements qui résolvent un contrat sont passibles du droit proportionnel, à moins que ce ne soit pour cause de nullité radicale ; or ici, dit-on, ce n'est pas pour cause de nullité radicale que le tribunal a brisé le contrat ; le droit semble donc pouvoir être réclamé par le Trésor ; les agents du fisc adoptent évidemment cette seconde solution.

Section II. — Obligations de l'usufruitier forestier pendant sa jouissance.

Les obligations de l'usufruitier forestier pendant sa jouissance se rattachent toutes à l'obligation de *jouir en bon père de famille.* (article 601 du Code civil.)

Il est responsable envers le nu-propriétaire de la « *culpa levis in abstracto,* » c'est-à-dire de toute faute que ne commet pas un bon père de famille.

Nous devons donc analyser successivement les obligations secondaires comprises dans l'obligation générale de jouir en bon père de famille.

1° *Conservation de la substance de la chose.*

L'usufruitier doit conserver la substance de la chose. Cette obligation, nous l'avons vu, rentre dans la définition même de l'usufruit (article 578 du Code civil.) Non seulement l'usufruitier n'a pas le droit de défricher la forêt soumise à l'usufruit, mais il ne peut changer le mode de traitement en taillis ou en futaie, ni prendre aucune mesure de nature à dégrader le sol boisé.

2° *Réparations d'entretien.*

L'usufruitier doit les réparations d'entretien. Cette obligation résulte de l'article 605 du Code civil.

« L'usufruitier n'est tenu qu'aux réparations d'entretien. — Les grosses réparations demeurent à la charge du propriétaire, à moins qu'elles n'aient été occasionnées par le défaut de réparations d'entretien, depuis l'ouverture de l'usufruit : auquel cas l'usufruitier en est aussi tenu. »

Que faut-il entendre par *grosses réparations* et par *réparations d'entretien,* quand il s'agit d'une forêt ?

L'article 606 du Code civil donne une liste limitative des grosses réparations qui concernent les bâtiments ; donc, relativement aux bâtiments, toutes les autres réparations sont d'entretien ; mais pour toutes les autres choses qui peuvent être soumises à l'usufruit, la loi ne donne aucune marque distinctive entre les réparations d'entretien, et les grosses réparations ; pour les distinguer, on doit donc se laisser guider par l'analogie des dispositions relatives aux bâtiments : comme le disait l'avocat général de Lamoignon, les grosses réparations seront celles qui sont faites *ad perpetuam rei utilitatem,* celles qui consistent dans la réfection ou le rétablissement d'une *partie im-*

portante de la chose ; elles sont faites rarement et à des époques éloignées ; au contraire, les réparations d'entretien seront les réparations périodiques et peu coûteuses, qui ont pour but de maintenir la chose en son état primitif, sans transformations.

Dans une forêt, les grosses réparations seront, par exemple, la confection de grandes voies empierrées, le repeuplement en bonnes essences de grandes étendues vides, la création de canaux de dessèchement ; les réparations d'entretien seront les essartements des routes forestières, les comblements d'ornières, le repeuplement des simples clairières qui se trouvent dans les coupes, l'entretien des fossés.

L'usufruitier est tenu seulement des réparations d'entretien qui sont une charge de sa jouissance actuelle et non des réparations d'entretien qui sont une charge de la jouissance antérieure ; car *l'usufruitier prend les choses dans l'état où elles sont.*

Mais le propriétaire est-il tenu de faire ces réparations qui sont une charge de la jouissance antérieure ? Pas davantage, *puisqu'il n'est pas obligé de faire jouir l'usufruitier.*

Le nu-propriétaire peut-il exiger que l'usufruitier fasse les réparations d'entretien ? La cour de cassation a consacré l'affirmative dans un arrêt du 27 juin 1825 :

« Attendu qu'il est de principe certain que toute

obligation engendre une action pour son accomplissement du moment qu'elle existe, et que celui qui a un intérêt né et actuel à son exécution peut l'exiger sans délai, à moins de dispositions contraires ; qu'il n'y a aucune loi qui autorise l'usufruitier à différer ou suspendre l'exécution de l'obligation qui met à sa charge les réparations d'entretien, et que le nu-propriétaire a un intérêt né et actuel à ce qu'elles soient faites sans délai, afin de conserver la substance de la chose, et d'en prévenir le dépérissement ; qu'il peut, par conséquent, contraindre l'usufruitier à les faire au moment où elles sont reconnues nécessaires ; qu'on ne peut rejeter sa demande sous prétexte que, s'il pouvait actionner l'usufruitier toutes les fois qu'il y a des réparations à faire, celui-ci serait exposé à des vexations continuelles ; attendu qu'il n'y a pas de vexation à user d'un droit légitime, et qu'un droit acquis ne peut-être éludé arbitrairement ; que, d'ailleurs, les réparations d'entretien ne se présentent pas d'ordinaire fréquemment, et si le nu-propriétaire se permet des demandes injustes, il appartient aux tribunaux de les rejeter en les distinguant des demandes légitimes ; qu'on peut encore moins prétendre que le nu-propriétaire est sans action pour exiger ces réparations pendant la durée de l'usufruit, parce que l'article 618 ne lui donne d'autre droit que de demander la cessation de l'usufruit, lorsque celui qui en jouit dégrade les biens ou les laisse dépérir, puisque cette action, qui a pour objet spécial de punir la mauvaise foi ou la négligence de l'usufruitier, n'est pas exclusive du droit commun d'exiger les réparations durant l'usufruit pour prévenir le dépérissement : sans quoi il faudrait admettre que le nu-propriétaire est condamné à souffrir la ruine de ses biens sans autre moyen de s'en garantir que de demander la cessation de l'usufruit lorsque la ruine est consommée, et lorsque souvent il n'y a plus de biens suffisants pour son recours, ce qui serait aussi injuste que contraire aux principes suivant lesquels tout propriétaire a le droit de conserver ce qui lui appartient et de le défendre en justice. »

L'usufruitier pourrait-il s'exonérer des réparations d'entretien en abandonnant son droit d'usufruit ? Certainement, puisque les réparations d'entretien sont une charge de l'usufruit plutôt qu'une obligation de l'usufruitier. Mais il est bien évident qu'il se libérerait ainsi seulement des réparations qui sont une charge de la jouissance future et non pas de celles qui sont une charge de sa jouissance antérieure à la renonciation. Il paraît logique de décider même que l'usufruitier ne peut pas s'exonérer des réparations correspondant à sa jouissance passée en restituant les fruits, par exemple en restituant le bois exploité ou sa valeur ; car la jouissance de la forêt ne comprend pas seulement le *fructus* de cette forêt ; elle comprend encore l'*usus*, c'est-à-dire l'agrément de posséder cette forêt, d'user de la chasse et des distractions inhérentes aux bois ; une véritable *obligation* doit contraindre l'usufruitier à faire les réparations qui sont liées à sa jouissance personnelle ; ce qui était *charge de l'usufruit* est devenu *obligation de l'usufruitier* ; or, « nemo potest proprio facto se ab obligatione liberare. »

L'usufruitier, qui ne peut empêcher le propriétaire de faire les grosses réparations, lors même qu'elles gêneraient sa jouissance, pourrait-il l'obliger à les faire ? Il faut distinguer entre les grosses réparations qui sont à faire au commencement de l'usufruit, et celles qui sont à faire pendant la durée de l'usufruit.

Les premières ne peuvent être exigées du nu-propriétaire par l'usufruitier, qui doit prendre la forêt *dans l'état où elle se trouve* à la naissance de l'usufruit. Cependant la cour de cassation, dans un arrêt du 29 juin 1835 a tempéré la rigueur de ce principe en décidant que l'usufruitier peut se faire autoriser à les effectuer, sauf à recouvrer ses avances contre le propriétaire.

Quant aux grosses réparations qui surviennent pendant le cours de l'usufruit, par exemple le repeuplement de grandes étendues de la forêt dénudées par les ouragans ou par les gelées, ou bien le curage d'un canal situé dans la forêt, deux opinions sont en présence :

Les uns disent que le nu-propriétaire est *obligé* de faire ces grosses réparations, parce que l'article 605 déclare qu'elles *demeurent à sa charge*, et que l'article 607 serait inutile s'il n'en était pas tenu.

Les autres soutiennent, avec raison suivant nous, que l'argument tiré de l'inutilité de l'article 607 n'a pas de valeur, puisque la réfection totale d'une chose tombée de vétusté n'est nullement identique à une grosse réparation, et que cet article 607 signifie simplement que le nu-propriétaire et l'usufruitier, qui ne sont pas tenus des grosses réparations, ne sont pas tenus non plus des réfections totales. Les partisans de cette seconde opinion, conforme aux principes du droit, font remarquer que l'usufruit est une véritable servitude; or, il est de la nature des servitudes que le propriétaire du fonds servant soit tenu de souffrir et laisser faire, et jamais de faire ; le propriétaire ne peut donc être forcé de faire les grosses réparations; l'article 605 déclare qu'elles *demeurent* à sa charge, et non pas qu'il doit les faire. L'usufruitier pourra, s'il le veut, avancer les fonds nécessaires aux grosses réparations, et le propriétaire devra les lui rembourser à la fin de l'usufruit (article 609 et 612) ; ces grosses réparations sont en quelque sorte des charges extraordinaires sur le domaine (arrêt de la cour de Colmar du 13 janvier 1831) ; mais le propriétaire ne serait point tenu au-delà de la plus value. (Art. 555 C. civ.)

En résumé, l'usufruitier ne doit que les réparations d'entretien dont le besoin se fait sentir pendant la durée de sa jouissance ; quant aux autres réparations, ni le propriétaire, ni l'usufruitier ne sont tenus de les faire ; elles *demeurent* à la charge du propriétaire en ce sens que la situation du propriétaire relativement à ces réparations continue d'être, pendant l'usufruit, ce qu'elle était avant la naissance de l'usufruit ; il aura donc le droit de faire ou de ne pas faire ces réparations. Mais nous devons faire observer d'une part que le titre constitutif de l'usufruit peut déroger à ces principes et d'autre part que l'usufruitier serait toujours obligé d'exécuter les grosses réparations occasionnées par le défaut de réparations d'entretien depuis l'ouverture de l'usufruit (art. 605), et en général par toute faute de sa part.

3° *Charges imposées sur le revenu de la forêt.*

L'usufruitier doit supporter toutes les charges imposées sur le revenu du bien soumis à l'usufruit.

Aux termes de l'article 608 du Code civil, « l'usufruitier est tenu, pendant sa jouissance, de toutes les charges annuelles de l'héritage, telles que les contributions et autres qui, dans l'usage, sont censées charges des fruits. »

L'usufruitier d'une forêt doit donc payer la contribution foncière ; cette contribution et les charges qui lui sont assimilées constituent des fruits civils passifs dont l'usufruitier est débiteur *jour par jour;* l'expression *pendant sa jouissance*, employée dans l'article 608, signifie bien *proportionnellement à sa jouissance*.

Notons que, si la loi parle de charges *annuelles*, elle n'exclut pas les charges qui, sans être annuelles, affectent néanmoins le revenu, par exemple le curage d'un fossé mitoyen limitrophe de la forêt.

4° *Charges établies sur la forêt pendant l'usufruit.*

L'usufruitier doit contribuer avec le propriétaire aux charges qui sont établies sur la forêt pendant la durée de l'usufruit.

On cite ordinairement, comme exemple de ces charges, un emprunt forcé, une contribution de guerre prélevée par une armée ennemie, une indemnité due à des entrepreneurs pour dessèchement de marais ordonné par le gouvernement.

L'usufruitier supportera, pendant l'usufruit, la jouissance passive représentée par les intérêts du capital nécessaire pour acquitter la charge ; le surplus sera au compte du nu-propriétaire.

L'article 609 du Code civil s'exprime ainsi : « A l'égard des charges qui peuvent être imposées sur la propriété pendant la durée de l'usufruit, l'usufruitier et le nu-propriétaire y contribuent ainsi qu'il suit : — Le propriétaire est obligé de les payer, et l'usufruitier doit lui tenir compte des intérêts. — Si elles sont avancées par l'usufruitier, il a la répétition du capital (sans intérêts) à la fin de l'usufruit. »

Il résulte de cet article que le nu-propriétaire est *seul obligé, seul débiteur*, à l'égard de ces charges imposées *pendant la durée de l'usufruit.*

5° *Revenus passifs de la forêt soumise à l'usufruit.*

L'usufruitier universel ou à titre universel doit supporter, pendant toute la durée de l'usufruit, et proportionnellement à l'importance de son droit, les revenus passifs du patrimoine sur lequel porte son droit de jouissance ; cette charge n'est imposée en aucun cas à l'usufruitier à titre particulier.

Ces deux principes se déduisent des *articles* 610, 611 et 612 du Code civil, qui en constituent des applications ; ils sont d'ailleurs une conséquence de la règle : « Æs alienum universi patrimonii, non certarum rerum, onus est. »

L'usufruitier universel ou à titre universel ne peut pas rester étranger aux dettes ; s'il n'en était pas ainsi, il obtiendrait plus que ne comprend le patrimoine ou la fraction de patrimoine qui lui advient. Il doit contribuer, en se conformant aux prescriptions des articles 610 et 612 qui règlent le mode de paiement d'une rente viagère ou d'une pension alimentaire et la manière d'acquitter les dettes.

Aux termes de l'article 610, le legs fait par le testateur d'une rente viagère ou pension alimentaire doit être acquitté par l'usufruitier universel de la forêt dans son intégrité, et par l'usufruitier à titre universel dans la proportion de sa jouissance, sans aucune répétition de leur part.

Quand il s'agit de dettes *exigibles* dont est grevée la forêt soumise à l'usufruit, l'article 612 règle le mode de contribution : « L'usufruitier, ou universel ou à titre universel, doit contribuer avec le propriétaire au paiement des dettes, ainsi qu'il suit : on estime la valeur du fonds sujet à l'usufruit ; on fixe ensuite la contribution aux dettes à raison de cette valeur (quand l'usufruit est universel, il est évident qu'il n'y a point de contribution à fixer, puisque tous les biens y sont compris). — Si l'usufruitier veut avancer la somme pour laquelle le fonds doit contribuer, le capital lui en est restitué à la fin de l'usufruit, sans aucun intérêt. Si l'usufruitier ne veut pas faire cette avance, le propriétaire a le choix, ou de payer cette somme, et, dans ce cas, l'usufruitier lui tient compte des intérêts pendant la durée de l'usufruit, ou de faire vendre jusqu'à due concurrance une portion des biens soumis à l'usufruit. »

Lorsque c'est *un usufruitier à titre particulier* qui a la jouissance d'une forêt, il n'est nullement tenu des dettes auxquelles le fonds est hypothéqué; c'est la décision de l'article 611 qui ajoute: «s'il est forcé de les payer ; il a son recours contre le propriétaire, sauf ce qui est dit à l'article 1020, au titre des Donations entre-vifs et des Testaments. » Par ces mots, le législateur a voulu indiquer que l'usufruitier ne pourrait pas être forcé d'acquitter la dette hypothéquée sur son immeuble, si le testateur a exigé que l'héritier le lui délivrât dégagé, affranchi de l'hypothèque.

6° *Frais des procès qui concernent la jouissance.*

L'usufruitier doit contribuer aux frais des procès qui concernent la jouissance. En effet, l'article 613 du Code civil est ainsi conçu : « L'usufruitier n'est tenu que des frais des procès qui concernent la jouissance, et des autres condamnations auxquelles ces procès pourraient donner lieu. »

Si, par exemple, un usufruitier poursuit un délinquant pour vol de bois déjà coupé ou pour délit de chasse, et s'il succombe dans l'instance, les frais seront entièrement dus par cet usufruitier ; car le procès ne concerne que la jouissance de la forêt.

Si le procès concerne à la fois le propriétaire et l'usufruitier, par exemple si l'on prétend que celui qui a constitué l'usufruit n'était pas propriétaire, il faut distinguer si l'usufruit a été constitué à titre onéreux ou à titre gratuit. Dans le premier cas, le nu-propriétaire serait seul tenu, puisqu'il est obligé de garantir l'usufruitier ou comme constituant ou comme héritier du constituant, et que les frais font partie de la garantie (art. 1630.). Dans le second cas, il n'y a pas lieu à garantie, puisqu'aucun article du Code ne l'impose aux donateurs ; l'usufruitier et le nu-propriétaire devront alors contribuer aux frais en suivant les principes de l'article 612 du Code civil.

7° *Obligation de dénoncer au propriétaire les usurpations.*

L'usufruitier doit dénoncer au nu-propriétaire les usurpations qui pourraient porter atteinte à son droit. L'article 614 dispose ainsi : « Si, pendant la durée de l'usufruit, un tiers commet quelque usurpation sur le fonds, ou attente autrement aux droits du propriétaire, l'usufruitier est tenu de le dénoncer à celui-ci : faute de ce, il est responsable de tout le dommage qui peut en résulter pour le propriétaire, comme il le serait de dégradations commises par lui-même. »

Les conséquences d'une usurpation commise sur le sol forestier sont des plus graves, puisqu'elles peuvent conduire à la prescription, (article 2262). C'est à l'usufruitier qu'il est le plus facile de prévenir ces usurpations, et c'est à lui que la loi devait naturellement confier cette tâche.

8° *Responsabilité des fautes de gestion.*

L'usufruitier, dans l'administration des bois doit observer toutes les règles d'une bonne gestion, d'une gestion de bon père de famille. Il doit agir en se conformant à des prescriptions générales qui dominent sa jouissance forestière, et à des prescriptions spéciales au mode de traitement de la forêt en taillis ou en futaie.

A. PRESCRIPTIONS GÉNÉRALES

Nous avons vu que l'usufruitier n'est pas tenu

d'établir un aménagement, s'il n'en existe pas, mais qu'alors il doit se conformer à l'usage constant de la localité pour la coupe des bois à l'âge de leur maturité.

S'il existe un aménagement, il doit observer cet aménagement, à la condition qu'il ne soit pas abusif ; il ne pourra, dans ce cas, faire aucun changement à l'assiette et à l'âge des coupes.

L'usufruitier ne pourra écorcer les arbres sur pied qu'à la condition de se conformer aux usages constants de la localité pour l'âge, le mode et l'époque d'exploitation.

Il devra faire la traite des bois par les chemins existants et ne pourra en créer de nouveaux sans une nécessité bien constatée d'accord avec le nu-propriétaire.

La coupe des bois et la vidange des ventes devront être terminées dans les délais fixés par un usage constant conforme à la jouissance en bon père de famille.

Dans les coupes, les chemins de vidange, et, s'il y a lieu, les fossés, devront être réparés et remis en état ; si l'usage des lieux le comporte, les places à charbon et les places de loges et ateliers devront être repeuplées ; les ponts, ponceaux, bornes, barrières, poteaux, murs de clôture, fossés, glacis, etc..., endommagés par le fait de l'exploitation ou de la vidange des bois et en général par le fait de la jouissance, devront être réparés et rétablis.

Il sera interdit d'allumer du feu ailleurs que dans les loges, les ateliers, et les places à charbon.

Dans le cas où l'usufruitier aura vendu par contenance une coupe de bois sur pied, il sera responsable des erreurs commises dans l'arpentage, lorsqu'il en résultera une différence d'un vingtième de l'étendue de la coupe.

En cas de glandée, panage et paisson, l'usufruitier ne pourra introduire dans la forêt un plus grand nombre de porcs que celui qui est déterminé par l'usage local ou par le genre de possibilité spéciale relatif à cette matière ; la durée de la glandée et du panage ne pourra excéder trois mois. (article 66 code forestier.).

L'usufruitier devra exercer les servitudes et les droits d'usage attachés à la forêt soumise à l'usufruit ; il ne pourra en établir de son chef sans l'assentiment du nu-propriétaire ; conformément à l'article 119 du code forestier, « les droits de pâturage, parcours, panage et glandée dans les bois des particuliers, ne pourront être exercés que dans les parties de bois déclarées défensables par l'administration forestière, et suivant l'état et la possibilité des forêts, reconnus et constatés par la même administration. »

« Les chemins par lesquels les bestiaux devront passer pour aller au pâturage et pour en revenir seront désignés par le propriétaire. »

L'usufruitier devra veiller à ce que les droits d'usage, qui pourraient peser actuellement sur la forêt, ne soient pas exercés d'une manière abusive et dépassant la possibilité.

Les articles 70, 72, 73, 75, 76, 78 § *1* et § *2, 79, 80, 83, 85, du code forestier devront être observés* dans la jouissance de la forêt soumise à l'usufruit.

L'action en cantonnement, et l'action en rachat de droits d'usage ne pourront être exercées par l'usufruitier que d'accord avec le nu-propriétaire ; dans ce cas, il sera procédé conformément aux articles 63 et 64 du code forestier.

Les droits de pâturage et de panage dans la forêt ne pourront s'appliquer qu'aux cantons défensables, reconnus comme il est indiqué dans l'article 119 du code forestier cité plus haut.

L'usufruitier doit sévir contre les usagers qui vendent ou échangent les bois délivrés, ou qui les emploient à une autre destination que celle fixée par leur droit.

Dans le cas où il serait nécessaire d'établir un garde ou d'augmenter le nombre actuel des gardes, l'usufruitier devra le faire à ses frais ; c'est une charge de la jouissance.

La répression des délits dans la forêt est une des obligations les plus importantes imposées à l'usufruitier pour empêcher la dégradation du fonds ; il doit *veiller à l'application des articles 144 à 150, 188 à 208, 215 à 217 du code forestier*. Nous ne parlons pas du titre XV du même code forestier relatif au défrichement, puisque l'usufruitier d'un bois n'a jamais le droit de le défricher sans l'assentiment du nu-propriétaire ; mais si ce défrichement était autorisé par le nu-propriétaire, les prescriptions des *articles 219 à 226 du code forestier* (titre XV) devraient être observées.

B. PRESCRIPTIONS SPÉCIALES AUX TAILLIS

Dans les taillis, les bois à exploiter seront coupés généralement à tire et aire, à la cognée, le plus près de terre que possible, de manière que l'eau ne puisse séjourner sur les souches. Les racines ne doivent pas être touchées.

En règle générale, les bois devront être entièrement abattus au plus tard le 15 avril de chaque année et entièrement enlevés au 15 avril de l'année qui suit celle de l'abatage ; les ramiers seront façonnés avant le 1er juin de l'année de la coupe.

Les taillis à écorces devront être coupés avant le 1er juillet, et leurs ramiers façonnés avant le 15 juillet de la même année ; le délai de vidange sera pour ces taillis spéciaux le même que pour les taillis ordinaires, c'est-à-dire qu'il s'étendra au 15 avril de l'année suivante.

Lorsque, dans un taillis sous-futaie, l'usufruitier aura à exploiter de grosses réserves dépérissantes ou simplement mûres, il pourra non plus seulement les couper, mais les arracher ; car des arbres aussi âgés ne peuvent plus rejeter de souche ; il devra ensuite niveler la place de la souche et la repeupler ; les arbres ainsi exploités devront en général être ébranchés avant l'abatage, afin d'atténuer dans le sous-bois les dégâts produits par leur chute.

Il appartient à l'usufruitier de couper les arbres de réserve endommagés par l'exploitation, ainsi que les chablis et les arbres arrachés par le vent, sauf à enrichir la réserve restante en marquant des baliveaux supplémentaires.

Les harts nécessaires pour lier les bourrées devront, autant que possible, être prises dans la coupe ; mais, généralement, le nombre de harts trouvées dans la coupe en exploitation ne sera pas suffisant ; l'usufruitier alors les choisira dans les parties de forêt les plus touffues, et prendra de préférence, non pas les maîtres brins, mais les baguettes rampantes destinées à périr plus tard, pendant la croissance du bois.

L'usufruitier s'abstiendra de laisser paître ou de conduire même, sans les museler, dans les coupes en exploitation, les animaux de bât ou de trait.

La vidange des coupes devra s'opérer par les endroits les moins dommageables.

Les laies séparatives des ventes seront entretenues, et les étocs seront recépés par les soins des usufruitiers.

C. PRESCRIPTIONS SPÉCIALES AUX FUTAIES

L'exploitation des futaies est soumise à des clauses et conditions spéciales qui varient avec le genre et l'essence dominante de chaque futaie.

En règle générale, les exploitations seront faites avec extraction des souches, à moins qu'il ne s'agisse d'éclaircies effectuées dans des perchis feuillus sur souches ou dans de jeunes gaulis résineux ; dans l'un et l'autre cas, en effet, l'extraction des souches pourrait causer un dommage aux tiges voisines.

En cas d'extraction des souches, les places d'arrachage doivent être repeuplées par l'exploitant.

Dans les futaies aménagées suivant la méthode des éclaircies ou suivant la méthode jardinatoire, les arbres destinés à être abattus doivent être préalablement ébranchés, afin d'éviter les dégâts causés aux réserves par la chute de ces arbres ; dans les futaies exploitées à blanc étoc, cette prescription est inutile, puisque dans chaque coupe tous les arbres sont arrachés et remplacés par des semis ou par de jeunes plants.

9° *Responsabilité relative aux incendies et aux cas fortuits.*

Dans le cas d'incendie des bois, l'usufruitier sera admis à établir, par tous les moyens de preuve possibles, que cet incendie a eu lieu sans sa faute ; il sera alors dégagé de toute responsabilité, alors même que le fait justificatif indiqué ne serait pas compris dans l'énumération de l'article 1733 relatif au locataire.

Il est même admis par la jurisprudence que le locataire lui-même échappe à la responsabilité, bien qu'il ne prouve pas la cause de l'incendie, s'il établit clairement qu'il est impossible qu'une faute ait été commise soit par lui, soit par les personnes dont il doit répondre. C'est la décision contenue dans un arrêt de la cour de Rouen du 16 janvier 1845 : « attendu que si l'article 1733, en cas d'incendie, fait peser sur le preneur une présomption de faute, il doit toutefois être entendu en ce sens, non que le preneur doit prouver directement et taxativement la cause de l'incendie, mais bien qu'il est impossible qu'une faute ait été commise, soit par lui, soit par ceux dont il est responsable ; qu'en effet, par cela même que le preneur établit d'une manière incontestable par les circonstances qu'il n'est pas en faute, il prouve indirectement mais nécessairement, que l'incendie doit être attribué à l'une des causes énoncées dans l'article 1733 ; que là s'arrêtent les exigences de la loi, et qu'il n'importe pas que le preneur prouve que c'est à telle cause plutôt qu'à telle autre que doit être attribué l'incendie, pourvu que cette cause soit l'une de celles qui sont énoncées dans l'article précité. » Remarquons que l'article 1733 s'applique à celui qui détient un immeuble à titre pignoratif comme à celui qui le détient à titre de locataire. (Arrêt de la cour de Riom du 10 mars 1836.)

Si, à l'occasion d'un incendie, il y a eu *faute* de la part de l'usufruitier, l'appréciation de cette faute est une question de fait devant être décidée souverainement par le tribunal : la faute dont il s'agit est-elle de telle nature qu'un bon père de famille l'aurait évitée ? Voilà la seule question que doit examiner le juge pour formuler son jugement.

L'usufruitier d'une forêt est-il tenu de la faire

assurer? Il faut décider la négative ; car on ne peut pas dire que l'assurance soit une *charge des fruits*.

Cependant, il est certain que l'usufruitier est libre de contracter une assurance, s'il le désire ; dans ce cas, si l'incendie détruit les bois, il a la jouissance de l'indemnité versée par la compagnie d'assurances; mais il paraît équitable qu'à l'extinction de l'usufruit il restitue cette indemnité au nu-propriétaire, en retenant le montant des primes versées.

Il peut arriver que l'usufruitier, après avoir assuré les bois, perde son droit à l'indemnité pour n'avoir pas versé les primes : il est évident qu'alors le nu-propriétaire n'a aucun recours contre lui.

Si c'est par le nu-propriétaire *seul* que les bois ont été assurés, l'usufruitier pourra-t-il jouir de l'indemnité versée par la compagnie d'assurances? Il semble qu'il en doit être ainsi ; il semble que l'usufruitier de la forêt doit étendre son usufruit sur l'indemnité payée par l'assureur à la condition de rembourser les primes au nu-propriétaire. Toutefois cette solution n'est pas admise par tous : on a dit que le contrat d'assurance passé par le nu-propriétaire seul ou par l'usufruitier seul n'a d'effet qu'à l'égard du seul contractant: on a dit qu'il n'est pas équitable d'en faire profiter celui qui n'a pas eu le mérite de la prévoyance, et qu'en toute justice celui-là seul, qui a eu l'initiative du contrat aléatoire d'assurance, doit en avoir le bénéfice, c'est-à-dire l'indemnité entière. Ces raisons nous paraissent avoir une réelle valeur et nous portent à faire la distinction suivante quand il s'agit de l'assurance d'une forêt :

Si le contrat passé par l'usufruitier seul ou par le nu-propriétaire seul comprend *tout* le matériel en bois sur pied avec sa valeur d'avenir, l'indemnité qui correspond aux primes représente évidemment plus que le droit seul de l'usufruitier et plus que le droit seul du nu-propriétaire; elle représente l'ensemble des deux droits, il sera logique de la partager proportionnellement à ces deux droits, et le meilleur partage proportionnel sera celui qui donnera la nue propriété de l'indemnité à l'un et la jouissance de cette indemnité à l'autre; celui des deux qui aura passé le contrat sera considéré comme le gérant d'affaires de l'autre.

Si le contrat passé par l'usufruitier seul ou par le nu-propriétaire seul ne comporte qu'une indemnité représentative de leur droit respectif, cette indemnité devra être attribuée exclusivement, en pleine propriété, à celui des deux qui aura eu l'initiative du contrat.

Cette opinion concorde absolument avec la doctrine de la Cour de cassation qui a toujours admis que l'indemnité représente, non la valeur de l'immeuble, mais la valeur des primes payées par le débiteur.

La solution la meilleure en matière d'assurances contre l'incendie et les cas fortuits consiste, en réalité, dans une entente amiable entre l'usufruitier et le nu-propriétaire pour le versement des primes.

Section III. — Obligations de l'usufruitier forestier à la fin de sa jouissance

La seule obligation imposée à l'usufruitier, à la fin de sa jouissance, est de *restituer l'immeuble.*

Il doit restituer le domaine forestier dans un aussi bon état que celui qu'il avait à la naissance de l'usufruit; mais il ne serait pas responsable des détériorations qui seraient la conséquence d'un cas fortuit.

Pour apprécier la situation de l'immeuble il faut se reporter à l'état descriptif de la forêt, qui, d'après l'article 600 du Code civil, doit être établi à la naissance de l'usufruit.

Cet état, dont nous avons énuméré les principales indications, fournira le meilleur moyen de vérifier la jouissance de l'usufruitier; l'usufruitier, nous l'avons dit, n'est pas tenu de laisser, à la fin de l'usufruit, la même quantité de bois sur pied, qui existait au commencement; il en laissera tantôt plus, tantôt moins, suivant l'époque de la cessation de l'usufruit; mais il sera tenu de se comporter toujours en bon père de famille; la comparaison de l'état de la forêt à la fin de l'usufruit avec l'état descriptif établi au commencement permettra d'apprécier s'il a satisfait à ses obligations.

CHAPITRE V

Actions données à l'usufruitier. Situation du nu-propriétaire pendant l'usufruit

Section I. — Actions données à l'usufruitier.

1° *Action personnelle en délivrance.*

Contre le nu-propriétaire, l'usufruitier a l'action personnelle en délivrance, pour se mettre en possession de la forêt soumise à l'usufruit.

Contre les héritiers ou autre débiteurs du legs, l'usufruitier formulera une demande en délivrance du legs d'usufruit. Son action personnelle contre eux résulte du quasi-contrat qui se forme par l'acceptation de la succession.

2° *Action réelle ou confessoire.*

L'usufruit constitue un *droit réel* sur une chose,

et, par suite, un *droit opposable à tous:* contre tout possesseur de la forêt soumise à l'usufruit, l'usufruitier a donc une action réelle dite *confessoire*, par laquelle il exige que le possesseur lui remette l'immeuble.

En somme, l'action confessoire d'usufruit ne diffère de l'action en revendication que par sa cause seulement : dans l'action confessoire d'usufruit, le demandeur réclame la possession de la chose en qualité d'usufruitier, tandis que dans l'action en revendication, il la réclame en qualité de propriétaire.

3° Action hypothécaire.

Dans le cas où l'usufruitier est légataire, il a l'action hypothécaire de l'article 1017.

En effet, l'article 1017 du Code civil est ainsi conçu : « Les héritiers du testateur ou autres débiteurs d'un legs seront personnellement tenus de l'acquitter, chacun au prorata de la part et portion dont ils profiteront dans la succession. — Ils en seront tenus *hypothécairement pour le tout*, jusqu'à concurrence de la valeur des immeubles de la succession dont ils seront détenteurs. »

L'article 1017 établit ainsi une hypothèque légale sur les immeubles de la succession, contre les héritiers débiteurs des legs.

Remarquons que cette hypothèque pèse seulement sur les immeubles de la succession et contre les héritiers *débiteurs* : il en résulte que, si le testateur a chargé un de ses héritiers ou légataires de payer seul un legs, l'hypothèque légale, relative à ce legs, ne touche que les immeubles possédés par celui qui est tenu. D'après un arrêt de la cour de cassation du 20 janvier 1868, le légataire n'a pas d'hypothèque quand l'usufruit est à terme. L'hypothèque n'a d'effet que contre l'héritier ou ses créanciers ; elle ne peut être opposée aux créanciers du défunt. (Bordeaux, 26 avril 1864).

Outre l'hypothèque légale, les légataires possèdent un privilège, s'ils prennent leur inscription dans les six mois. (Article 2111.) Pendant cette durée de six mois à dater de l'ouverture de la succession, aucune hypothèque ne peut être inscrite à leur préjudice.

4° *Actions possessoires.*

Pendant toute la durée de son usufruit, l'usufruitier peut exercer toutes les actions possessoires ; ce droit lui appartient dès l'ouverture de l'usufruit, bien qu'il ne puisse l'exercer, s'il est légataire, qu'après avoir obtenu la délivrance.

On a dit : mais, pour exercer les actions possessoires, il faut posséder à titre non précaire, et l'usufruitier possède à titre essentiellement précaire.

Nous pensons qu'on doit ainsi répondre à cette objection : certainement l'usufruitier possède à titre précaire la propriété de l'immeuble ; mais il possède à titre de *propriétaire* son droit d'usufruit ; donc, relativement à son droit d'usufruit, il a les actions possessoires, de même que le nu-propriétaire a les actions possessoires relativement à son droit de nue propriété.

L'usufruitier aura donc seul toutes les actions qui concernent exclusivement la jouissance de l'immeuble.

5° *Action en partage.*

L'article 815 du code civil pose un principe absolument général : nul ne peut être contraint à demeurer dans l'indivision. L'usufruitier d'une portion indivise d'une forêt a donc l'action en partage contre ceux qui ont le droit de jouir en commun avec lui ; peu importe que ceux-ci soient usufruitiers ou pleins propriétaires.

Mais pour que ce partage ne soit pas un simple partage de jouissance, pour qu'il ait un caractère définitif, il faut que le nu-propriétaire soit appelé ; autrement, le partage serait pour lui : « res inter alios acta. »

6° *Action en bornage.*

Il en est de l'action en délimitation et en bornage comme de l'action en partage : l'usufruitier de la forêt a l'action en délimitation et en bornage ; mais, pour que la délimitation et le bornage aient un caractère définitif, et ne soient pas des actes restreints à la jouissance, l'intervention du nu-propriétaire est nécessaire.

Si, après la délimitation faite, il s'agissait d'un simple plantage de bornes, ce serait un acte élémentaire d'administration, et l'usufruitier pourrait y procéder seul.

Mais si l'on doit effectuer, à la fois, la délimitation et le bornage de la forêt, l'action introduite par l'usufruitier seul aurait un caractère essentiellement précaire ; l'opération serait exécutée dans le seul intérêt de l'usufruitier, et elle ne pourrait avoir effet que pendant la durée de l'usufruit. Il en résulte que l'usufruitier demandeur devrait seul supporter les frais de l'opération, ainsi que ceux du jugement qui l'aurait ordonnée ; il en résulte aussi que le bornage aurait un caractère complètement provisoire, et ne saurait lier le nu-propriétaire.

La mise en cause du nu-propriétaire est donc indispensable pour que l'opération en délimitation et bornage soit définitive.

Inversement, une opération de délimitation et bornage faite avec le nu-propriétaire seul, sans que l'usufruitier soit appelé, ne peut obliger cet usufruitier ; car le fonds, sur lequel porte l'action en délimitation et bornage, est en partie la chose de l'usufruitier, puisque l'usufruit est un véritable démembrement de la propriété.

Section II. — Situation du nu-propriétaire pendant l'usufruit.

Nous avons à examiner les obligations et les droits du nu-propriétaire pendant la durée de l'usufruit ; ces obligations et ces droits sont en corrélation avec les obligations et les droits de l'usufruitier et sont généralement analysés en même temps ; nous les résumons à la suite des actions donnés à l'usufruitier ; car ils ont une connexité certaine avec les moyens donnés pour protéger la jouissance usufructuaire.

1° *Obligations du nu-propriétaire.*

En principe, le nu-propriétaire n'est soumis à aucune obligation vis-à-vis de l'usufruitier ; il n'est pas tenu de le faire jouir, mais seulement de le laisser jouir : « Tenetur *in non faciendo, non in faciendo.* »

Il ne peut rien faire qui puisse nuire aux droits de l'usufruitier.

« Le propriétaire, dit l'article 599, ne peut, par son fait, ni de quelque manière que ce soit, nuire aux droits de l'usufruitier. — De son côté, l'usufruitier ne peut, à la cessation de l'usufruit, réclamer aucune indemmité pour les améliorations qu'il prétendrait avoir faites, encore que la valeur de la chose en fût augmentée... »

La disposition de l'article 599 qui refuse à l'usufruitier tout droit à une indemnité pour les améliorations, a été édictée pour les motifs suivants :

1° Pour éviter des comptes minutieux et une source de procès entre le nu-propriétaire et l'usufruitier.

2° Pour empêcher que le nu-propriétaire ne soit grevé malgré lui, par l'usufruitier, de dettes pouvant être très importantes.

Ainsi un domaine est formé de landes ou de bruyères ; l'usufruitier les défriche à grands frais et les plante en bois de valeur: d'après l'article 599, le nu-propriétaire, à la fin de l'usufruit, ne devrait rien à l'usufruitier pour ces améliorations.

Une distinction importante nous semble s'imposer en cette matière :

Si le domaine, dont il s'agit, est exclusivement composé de landes ou de bruyères, l'usufruitier en jouit dans l'état où il se trouve ; l'usufruitier, sans doute, est libre de l'améliorer par des plantations, mais le nu-propriétaire ne saurait être obligé de rembourser, à la fin de l'usufruit, les sommes parfois considérables dépensées pour le défrichement et les plantations.

Mais si le domaine est, dans son ensemble, composé de bois de valeur parsemés de grands vides incultes produits par des cas fortuits, les repeuplements de ces grandes clairières seront assimilés aux grosses réparations et *demeureront* à la charge du nu-propriétaire, conformément à l'article 605 du Code civil.

Toutefois la distinction en matière forestière entre les améliorations et les grosses réparations est toujours une question délicate ; en forêt, une grosse réparation est généralement une amélioration ; mais une amélioration n'est pas toujours une grosse réparation ; le tribunal apprécie chacun des cas particuliers qui se présentent. Ainsi, la substitution d'une essence précieuse à une essence inférieure est une amélioration, mais ce n'est pas une grosse réparation ; le repeuplement des grandes clairières de la forêt nous paraît à la fois une amélioration et une grosse réparation ; l'assainissement des coupes par de nouveaux fossés ou par le drainage nous semble une amélioration et non une grosse réparation.

Au sujet de cette distinction entre les grosses réparations et les améliorations faites au sol forestier, distinction importante, puisqu'elle tranche une question de frais souvent considérables, on a prétendu qu'en matière forestière il n'existe pas de grosses réparations autres que celles déterminées par l'article 606 ; l'article 606 fixerait limitativement les grosses réparations ; les seules qui pourraient s'appliquer à une froêt seraient les suivantes :

1° Le rétablissement entier des digues.

2° Le rétablissement entier des murs de soutènement et des voûtes, et, par suite, des ponts et ponceaux, puisque ces ouvrages sont constitués par des murs de soutènement et par des voûtes.

3° Le rétablissement entier des murs de clôture, quand la forêt est entourée de murs.

Toutes les autres réparatfons, dit l'article 606, sont d'entretien.

Certainement, si l'on s'en tenait à la lettre du Code, il faudrait décider que les seules grosses réparations admises par la loi sont celles désignées par l'article 606.

La doctrine est d'un avis contraire ; elle étend la qualification de grosses réparations à toutes les réparations qui consistent dans la *réfection* ou le *rétablissement* d'une partie importante de la chose. C'est à ce point de vue qu'il faut se placer quand il s'agit de déterminer si des travaux effectués dans une forêt constituent des améliorations ou des grosses réparations, ou encore des simples réparations d'entretien.

Les grosses réparations demeurent, nous l'avons dit, à la charge du nu-propriétaire : les articles 605, 606 et 607 du Code civil donnent les règles relatives à cette obligation.

En ce qui concerne les charges, qui peuvent être imposées sur la propriété pendant la durée de l'usufruit, l'article 609 du Code civil trace les obligations respectives du nu-propriétaire et de l'usufruitier : « le propriétaire est obligé de payer ces charges, et l'usufruitier doit lui tenir compte des intérêts. — Si elles sont avancées par l'usufruitier, il a la répétition du capital à la fin de l'usufruit. »

Lorsque l'usufruitier à titre particulier, qui n'est pas tenu des dettes, est forcé de les payer, il a son recours, dit l'article 611, contre le nu-propriétaire, sauf ce qui est dit à l'article 1020.

L'article 1020 est ainsi conçu : « Si, avant le testament, ou depuis, la chose léguée a été hypothéquée pour une dette de a succession, ou même pour la dette d'un tiers, ou si elle est grevée d'un usufruit, celui qui doit acquitter le legs n'est point tenu de la dégager, à moins qu'il n'ait été chargé de le faire par une disposition expresse du testateur. »

L'objet légué doit être livré *tel qu'il se trouve* au moment de l'ouverture de la succession. Donc, si le testateur, après avoir légué un immeuble, a établi une servitude, ou un usufruit, ou une hypothèque sur cet immeuble, le légataire sera obligé de les supporter. Le créancier pourra, par suite, le poursuivre et lui faire payer toute la créance ; mais le légataire aura alors un recours contre les héritiers (article 874), parce qu'il n'est tenu d'aucune dette (art. 871). Il n'y a nulle contradiction entre cet article 1020, qui dit que l'héritier n'est pas tenu de dégager l'immeuble de l'hypothèque, et l'article 874, qui donne au légataire un recours contre l'héritier en cas de paiement de la dette hypothécaire. C'est justement parce que l'héritier n'est pas obligé d'éteindre l'hypothèque, que le légataire peut être exposé à une poursuite, et qu'il a, dans ce cas, un recours contre l'héritier.

L'article 612 du Code civil règle, entre le nu-propriétaire et l'usufruitier universel ou à titre universel, le mode de contribution au paiement des dettes.

Enfin, le nu-propriétaire est tenu entièrement des frais des procès qui ne concernent que la nue propriété : C'est une conséquence nécessaire de l'article 613 du Code civil.

2° *Droits du nu-propriétaire.*

En même temps que nous examinions les droits de l'usufruitier sur la forêt, nous avons déterminé ceux du nu-propriétaire. En résumé, le nu-propriétaire a droit à tous les produits qui ne sont pas des fruits ; les parties de bois de haute futaie qui n'ont pas été mises en coupes réglées lui appartiennent ; les arbres *non mûrs* arrachés ou brisés par le vent, qu'ils soient dans un taillis ou dans une futaie, lui appartiennent théoriquement ; les coupes ordinaires soit de taillis, soit de baliveaux, soit de futaie, que l'usufruitier a négligé de faire, sont également au nu-propriétaire ; dans un verger, les arbres fruitiers qui ne meurent pas, ceux qui ne sont pas arrachés ou brisés par accident constituent sa propriété.

Pour moitié, la propriété du trésor trouvé dans un fonds est attribuée au nu-propriétaire de ce fonds par l'article 716 du Code civil ; l'autre moitié est à l'inventeur ; si c'est l'usufruitier qui le découvre, le trésor lui appartiendra pour moitié, mais à titre d'inventeur et non à titre d'usufruitier ; car le trésor n'est pas un fruit ; si l'usufruitier ne l'a pas découvert, il n'a aucun droit sur lui.

3° *Actions données au nu-propriétaire.*

Le nu-propriétaire a seul toutes les actions qui concernent uniquement la nue propriété ; d'accord avec l'usufruitier, il peut exercer toutes les actions relatives à la pleine propriété.

Contre l'usufruitier, il peut agir, pour le contraindre à accomplir toutes les obligations imposées par la qualité d'usufruitier ; cependant, il ne peut se substituer à lui ; il peut seulement exiger des dommages-intérêts.

CHAPITRE VI

Modes d'extinction de l'usufruit. — Remarques sur quelques dispositions relatives à l'usufruit dans les législations étrangères.

Section I. — Modes d'extinction de l'usufruit.

L'usufruit d'une forêt s'éteint par les mêmes modes que l'usufruit des autres choses ; nous énumérons ces causes d'extinction de l'usufruit.

1° *Décès de l'usufruitier.*

L'article 617 du Code civil s'exprime ainsi :

« L'usufruit s'éteint : — Par la mort naturelle [et par la mort civile] de l'usufruitier ; — Par l'expiration du temps pour lequel il a été accordé ; — Par la consolidation ou la réunion sur la même tête, des deux qualités d'usufruitier et de propriétaire ; — Par le non-usage du droit pendant 30 ans ; — Par la perte totale de la chose sur laquelle l'usufruit est établi. »

La première cause d'extinction de l'usufruit est donc la mort de l'usufruitier.

S'il s'agit d'un usufruit qui n'est pas accordé à des particuliers, mais à des personnes morales, par exemple à une commune, à un hospice, cet usufruit ne peut durer que trente ans. (Article 619 du Code civil).

2° *Expiration du terme de l'usufruit.*

L'expiration du temps, pour lequel il est accordé, est la seconde cause d'extinction de l'usufruit; il s'agit d'un usufruit constitué *ad diem.* D'après l'article 620, « l'usufruit accordé jusqu'à ce qu'un tiers ait atteint un âge fixé, dure jusqu'à cette époque, encore que le tiers soit mort avant l'âge fixé. » La loi suppose que le disposant « *non ad vitam hominis respexit, sed ad certa temporum curricula.* » Mais cette présomption tomberait devant la manifestation d'une intention contraire de la part du constituant.

3° *Consolidation.*

L'usufruit s'éteint par la réunion sur la même tête des deux qualités d'usufruitier et de propriétaire. Il y a en réalité transformation et développement du droit de l'usufruitier plutôt qu'extinction proprement dite.

4° Non usage du droit pendant 30 ans.

Le non usage du droit pendant 30 ans met fin à l'usufruit. L'article 617 ne fait qu'appliquer ici le principe posé par l'article 2262 : Tout droit, qui n'est pas exercé pendant 30 ans, est éteint par la prescription.

Mais, pour l'usufruit d'une forêt, à dater de quelle époque court le délai de 30 ans ? Il nous parait logique de décider que le délai de trente ans court, non pas à dater du dernier acte de jouissance accompli par l'usufruitier, mais à dater du moment où, le bois étant arrivé à l'âge de maturité fixé par l'aménagement ou l'usage constant, l'usufruitier ne l'a pas exploité.

Quand il s'agit, par exemple, d'un taillis exploité habituellement à 35 ans, le délai de 30 ans ne peut évidemment courir à la date du dernier acte de jouissance, c'est-à-dire à la date de la dernière coupe ; car alors, au moment où l'usufruitier voudrait exploiter le taillis de 35 ans, la prescription pourrait lui être opposée : l'usufruitier verrait son droit prescrit avant d'avoir pu l'exercer ; le délai de 30 ans doit donc ici courir à dater du moment où le taillis a atteint l'âge de 35 ans.

La solution est d'ailleurs la même en ce qui concerne la prescription de l'usage forestier. (Monsieur le Professeur Henry Michel à son cours de 1892-1893).

Cette solution n'est d'ailleurs nullement en opposition avec l'article 617 pas plus qu'avec les articles 706 et 707 du Code civil.

De même que pour l'usage forestier, l'exercice même partiel du droit empêche la prescription pour le tout ; ainsi l'usufruitier, qui n'a fait des coupes que sur une partie du domaine forestier, conservera son droit entièrement même sur la partie du domaine dont il n'a pas joui pendant 30 ans.

Pour que la prescription du droit d'usufruit soit accomplie, il suffit que l'usufruitier ait cessé d'exercer son droit pendant trente ans, et il n'est pas nécessaire que le nu-propriétaire, ou une autre personne, ait exercé le droit à sa place : cette solution doit résulter de ce que l'usufruit est une charge, une servitude, une dette de la chose ; après 30 ans de non usage, la chose sera affranchie, comme un débiteur est affranchi de sa dette après 30 ans ; la loi voit avec défaveur les charges qui pèsent sur la propriété, et elle en facilite l'extinction ; au contraire, la loi favorise et protège le droit de propriété ; pour que la prescription puisse anéantir le droit de propriété, il faut non seulement que le propriétaire ait délaissé son droit pendant 30 ans, mais encore qu'un tiers l'ait exercé à sa place.

Contre un mineur ou un interdit, il résulte de l'article 2252 que la prescription du droit d'usufruit ne pourrait courir.

5° *Perte totale de la chose.*

L'usufruit est éteint par la perte *totale* de la chose sur laquelle il est établi. Les Institutes de Justinien donnent le motif de cette disposition relative au droit d'usufruit : « Est enim jus in corpore, quo sublato et ipsum jus tolli necesse est. »

Le Code indique que, pour l'extinction du droit, il faut que la perte soit *totale* : si une partie seulement de la chose soumise à l'usufruit est détruite, l'usufruit se conserve sur ce qui reste (article 623 du Code civ.). Ainsi, un bois situé près d'un torrent ou près d'un fleuve est emporté en partie par la violence des eaux : l'usufruit subsiste sur la partie qui reste.

La transformation de l'immeuble soumis à l'usufruit doit-elle être assimilée à la perte totale ? La doctrine soutient en général l'affirmative ; si, par exemple, un bois soumis à l'usufruit est défriché et transformé en terres labourables, cette transformation anéantira le droit d'usufruit.

Pour que la transformation de l'immeuble soit considérée comme équivalant à la perte totale, il faut, en général, que cette transformation ait rendu l'immeuble impropre à sa destination naturelle.

En cas d'expropriation de la forêt pour cause d'utilité publique, l'usufruitier a-t-il droit à la jouissance de l'indemnité d'expropriation ? On aurait pu le contester en se basant sur la perte *totale* de la forêt; l'article 39 de la loi du 3 mai 1841 tranche la question en attribuant à juste titre la jouissance de cette indemnité à l'usufruitier privé de la jouissance de l'immeuble ; la solution doit être la même quand il s'agit d'une expropriation partielle.

Nous avons vu de même que, dans le cas de destruction ou de dégradation de l'immeuble par incendie ou autres cas fortuits, l'usufruitier a, en thèse générale, la jouissance de l'indemnité acquise par le versement des primes d'assurances.

6° *Abus de jouissance.*

Conformément à l'article 618 du Code civil, l'usufruit peut aussi cesser par l'abus que l'usufruitier fait de sa jouissance, soit en commettant des dégradations sur le fonds, soit en le laissant dépérir faute d'entretien.

Il y a *abus de jouissance* de la part de l'usufruitier quand il manque à son obligation générale de jouir *comme le propriétaire lui-même, en bon père de famille.*

Nous avons analysé, en ce qui concerne l'usufruit des forêts, les obligations particulières qui découlent de l'obligation générale de jouissance en bon père de famille.

Tout abus de jouissance peut donner lieu à l'application de l'article 618 du Code civil.

L'extinction de l'usufruit pour abus de jouissance ne peut résulter que d'un jugement ; et le juge a un pouvoir discrétionnaire : « il peut, suivant la gravité des circonstauces, dit l'article 618 alinéa 3, ou prononcer l'extinction absolue de l'usufruit, ou n'ordonner la rentrée du propriétaire dans la jouissance de l'objet qui en est grevé que sous la charge de payer annuellement à l'usufruitier ou à ses ayants-cause une somme déterminée jusqu'à l'instant où l'usufruit aurait dû cesser. »

Les créanciers peuvent avoir un grand intérêt à ce que leur débiteur conserve son usufruit, afin de se faire payer sur les fruits ; les créanciers exercent, en général, les droits de leur débiteur ; « ils peuvent, dit l'article 618 alinéa 2, intervenir dans les contestations pour la conservation de leurs droits ; ils peuvent offrir la réparation des dégradations commises, et des garanties pour l'avenir. » Par exemple, ils peuvent offrir une caution, si l'usufruitier en est dispensé ; le tribunal apprécie souverainement la valeur de ces propositions, et les mesures qu'il y a lieu de prendre.

7° *Renonciation de l'usufruitier.*

L'usufruitier peut renoncer expressément ou tacitement à son droit d'usufruit. La renonciation est tacite, lorsqu'il accomplit un acte supposant nécessairement l'abandon de son droit, lorsque, par exemple, il concourt avec le nu-propriétaire à la vente de l'immeuble en spécifiant qu'il abandonne tous ses droits sur cet immeuble.

La renonciation de l'usufruitier n'est opposable aux tiers que par la transcription (loi du 23 mars 1855).

Si la renonciation consentie par l'usufruitier avait été faite au préjudice de ses créanciers, ceux-ci auraient le droit de la faire annuler (article 622 C. civ.).

On peut se demander si la renonciation gratuite à l'usufruit d'une forêt en faveur du nu-propriétaire est assujettie aux formalités des donations ; la cour de Rouen dans un arrêt du 22 janvier 1846 a tranché la question dans le sens de la négative ; les motifs de cet arrêt montrent bien le caractère de servitude inhérent au droit d'usufruit : « Attendu que l'usufruit constitue un droit réel sur l'immeuble qui en est grevé ; qu'il suit de là que l'usufruitier qui veut disposer, soit à titre onéreux, soit à titre gratuit, de son usufruit en faveur d'un tiers, doit se conformer aux dispositions que la loi prescrit pour la transmission des biens à ces différents titres ; qu'il en est autrement si c'est en faveur du nu-propriétaire que l'usufruitier veut faire l'abandon de son droit ; que le nu-propriétaire n'a pu être privé que pour un temps déterminé de la jouissance ; que cette jouissance doit, de plein droit, se réunir à la propriété, parce qu'elle en est une dépendance ; que la disposition par laquelle l'usufruitier, devançant la fin de l'usufruit, remet son droit dès à présent au nu-propriétaire, est moins une donation qu'une renonciation à son droit, que *la libération d'une servitude* ; que ce serait donc méconnaître l'esprit de la loi et *la faveur due à l'affranchissement de la propriété*, que de vouloir soumettre cette renonciation aux règles rigoureuses imposées en la forme aux donations entre-vifs. »

8° *Résolution du droit du constituant.*

Nul ne peut conférer à autrui plus de droits

qu'il n'en a : « Nemo plus juris ad alium transferre potest quam ipse habet. » Le droit de propriété de la personne, qui a constitué l'usufruit, peut être résolu avec effet rétroactif : le droit d'usufruit, qui n'est qu'un démembrement du droit de propriété, sera également résolu.

9° *Prescription acquisitive.*

Nous avons vu que l'usufruit s'éteint directement par le non usage pendant trente ans (prescription extinctive) ; mais il peut s'éteindre aussi indirectement par l'effet de la prescription de dix ou vingt ans (prescription acquisitive, article 2265 du Code civil).

La cour de cassation, dans un arrêt du 17 juillet 1814, admet que l'usufruit, comme la pleine propriété d'un immeuble, peut se prescrire par dix ou vingt ans ; les motifs sont intéressants à connaître : « La nue propriété et l'usufruit sont des choses divisibles de leur nature, puisqu'elles peuvent être possédées séparément par deux personnes différentes, l'usufruit seul étant même susceptible d'hypothèque ; ainsi il ne répugne à aucune loi ni à aucun principe que le possesseur, auquel l'usufruit d'un immeuble a été vendu par celui qu'il croyait propriétaire (*quem dominum esse credebat*) du dit immeuble, puisse, suivant les circonstances, prescrire cet usufruit et exciper de la prescription, bien que le possesseur de la nue propriété, placé dans des circonstances différentes, ne le puisse pas à l'égard de cette nue propriété. » Nous pouvons supposer une personne achetant d'une autre personne qu'elle croit, à tort, propriétaire (à non domino quem dominum esse credebat) une forêt dont la nue propriété et l'usufruit appartiennent à deux individus distincts ; la vente n'a pu transférer ni la nue propriété, ni l'usufruit ; mais en vertu du juste titre et de la bonne foi, la prescription de dix ou vingt ans est possible respectivement et pour la nue propriété et pour l'usufruit ; ces deux prescriptions accomplies, la pleine propriété sera acquise. Remarquons que ces deux prescriptions acquisitives peuvent avoir des termes différents à l'égard du nu-propriétaire et de l'usufruitier, soit parce que la prescription court *entre absents* vis-à-vis du nu-propriétaire, tandis qu'elle court *entre présents* vis-à-vis de l'usufruitier, soit parce qu'elle a été suspendue ou interrompue au profit du nu-propriétaire, sans l'être au profit de l'usufruitier.

Section II. — Remarques sur quelques dispositions relatives à l'usufruit dans les législations étrangères.

Le Code civil s'est imposé dans ses grandes lignes aux législations étrangères, et leur a dicté la plus grande partie de leurs dispositions : nous examinerons seulement certaines particularités relatives au droit d'usufruit dans quelques-unes de ces législations.

AUTRICHE

Le nu-propriétaire d'une forêt ne peut pas, en principe, exiger une caution de l'usufruitier ; il le pourrait seulement dans le cas où il aurait juste raison de redouter un dommage ; il peut arriver que l'usufruitier soit dans une situation telle qu'il ne trouve pas de caution : alors l'immeuble est restitué au nu-propriétaire, qui devra donner une indemnité à l'usufruitier, ou bien il est confié à un administrateur choisi par le tribunal (article 520 du Code autrichien).

Lorsque l'usufruit de la forêt cesse, les bois sur pied appartiennent au nu-propriétaire comme dans notre Code civil ; mais, contrairement à notre Code, les frais de plantation ou d'ensemencement doivent être remboursés à l'usufruitier ou à ses ayant-cause (art. 519 du Code autrichien).

Dans le Code civil français, d'après l'article 619, l'usufruit, qui n'est pas accordé à des particuliers, ne dure que trente ans: d'après la loi autrichienne, qui maintient le système des biens de main-morte, l'usufruit, constitué au profit d'une personne morale, dure autant que cette personne morale.

En droit autrichien, quand une forêt est soumise à un droit d'usufruit, il n'y a pas démembrement de propriété en nue propriété d'une part, en usufruit de l'autre; la propriété reste une pleine propriété dont la jouissance est momentanément suspendue ; il en résulte que l'usufruitier ne peut pas céder son droit réel d'usufruit, mais seulement *son droit aux fruits*, c'est-à-dire aux coupes de bois.

BAVIÈRE

En Bavière, l'usufruit ne s'établit pas seulement, comme en France, par la volonté de l'homme et par la prescription ; mais on admet qu'il peut s'établir par un jugement ou un arrêt, et par le partage des biens.

L'usufruitier répond de la faute la plus légère commise dans la gestion de sa forêt.

Il ne doit donner caution que si le nu-propriétaire l'exige.

Contrairement à notre législation française, il a, sur le trésor, le même droit que celui qui l'a découvert.

Comme dans notre Code civil, les bois sur pied, au moment de l'extinction du droit d'usufruit, appartiennent au nu-propriétaire ; mais celui-ci doit le remboursement des frais de plantation ou d'ensemencement, de même que dans la législation autrichienne (article 7 du Code bavarois).

DANEMARK

Pour que le droit d'usufruit soit légalement constitué, il est indispensable que l'acte établissant cet usufruit soit lu publiquement devant les tribunaux, et que l'usufruitier soit envoyé en possession de la forêt.

Contrairement aux dispositions de notre Code civil, un usufruit est valablement attribué à une ligne déterminée d'héritiers ; cet usufruit ne cesse qu'au moment où s'éteint la ligne d'héritiers.

HOLLANDE

Le Code hollandais tranche une question controversée dans notre législation, celle de l'usufruit établi en faveur de plusieurs personnes conjointement ou successivement : il décide que l'usufruit ne sera valable qu'en faveur des personnes qui existeront au moment où s'ouvrira le droit du premier usufruitier (article 805 du Code hollandais).

L'usufruitier est tenu de fournir caution ; s'il ne donne pas de caution, le propriétaire a le droit d'administrer lui-même la forêt soumise à l'usufruit, à la charge, lui aussi, de donner caution ; si le propriétaire ne trouve pas non plus de caution, le domaine forestier est donné à ferme à un administrateur désigné par le juge.

PRUSSE

Comme dans notre législation, il est spécifié, dans le Code prussien, que l'usufruitier profite des bois mis en coupes réglées.

Les impôts ordinaires sont toujours dus par l'usufruitier ; mais les impôts extraordinaires ne sont pas, au-delà d'une certaine limite, considérés comme charges des fruits : quand ils dépassent la somme des fruits pendant toute la durée de l'usufruit, l'usufruitier peut en demander le remboursement au nu-propriétaire.

L'usufruitier ne peut pas céder son droit lui-même ; mais il peut en céder l'exercice (article 110 du Code prussien.)

D'après le Code prussien, l'usufruit ne peut pas être constitué pour un temps déterminé, ou jusqu'à l'arrivée d'un événement désigné : le droit d'usufruit prend toujours fin par la mort de l'usufruitier (articles 173 à 178 du Code prussien).

Toutefois, il peut être établi une exception à cette règle en faveur des héritiers de l'usufruitier ; mais alors, l'usufruit ne se continue qu'en faveur des héritiers de l'usufruitier, qui se trouvent au premier degré.

LOUISIANE

La Louisiane en 1824 a adopté un Code très complet dont les dispositions sont sensiblement les mêmes que celles du Code civil français ; signalons seulement l'article 546, qui décide une question non tranchée par notre Code : L'île formée dans une rivière non navigable appartient aux nu-propriétaire riverain, et l'usufruitier n'a aucun droit sur cette île.

Les nations étrangères, autres que celles désignées plus haut, ont une législation de l'usufruit analogue à celle de notre Code civil ou basée sur des usages locaux particuliers à chaque région. Nous ne faisons qu'indiquer ces points qui pourraient faire l'objet d'une étude comparative fort intéressante.

CHAPITRE VII

État des forêts soumises à des droits usufructuaires et conclusion.

D'après l'article 619 du Code civil, un usufruit constitué en faveur d'une personne morale, en faveur d'un état, d'une commune, d'un établissement public, ne peut durer plus de 30 ans. Mais l'état, les communes et les établissements publics doivent jouir de toutes leurs forêts *comme des usufruitiers*, et transmettre aux générations futures la propriété forestière en bon état de gestion, sans toutefois négliger la perception des fruits actuellement mûrs.

Seulement, à l'encontre des usufruitiers particuliers, ils ont la libre disposition des produits extraordinaires, qui, suivant leur destination naturelle, devraient être considérés comme *instrumenta fundi*, et consacrés à l'amélioration du domaine boisé.

Il est important d'étudier la situation actuelle de ces forêts soumises à des droits usufructuaires, et d'analyser les conséquences déduites de cette étude.

Section I. — Etat des forêts domaniales en France.

Si nous examinons, d'après les statistiques officielles, les produits en argent des bois de l'Etat depuis le milieu du siècle, nous constatons une baisse certaine : les coupes des forêts domaniales, qui produisaient généralement plus de 30 millions par année, ne dépassent plus guère le chiffre de 24 millions.

D'autre part, depuis le commencement du siècle, la production de la richesse s'est développée d'une manière considérable ; la fortune publique a suivi la même marche ascendante ; de plus, vers 1848, la découverte des mines de Californie et d'Australie a porté, par année, la mise en circulation nouvelle des métaux précieux de 200 millions à 1 milliard, et le développement du crédit a créé encore une plus grande force d'enrichissement. La puissance d'acquisition de la monnaie a donc dû devenir moins grande à l'égard de tout objet dont le degré d'utilité et de rareté n'a pas varié. Cette dépréciation de la puissance acquisitive de la monnaie est évaluée par les économistes de 25 à 50 pour cent ; il n'est, par suite, pas exagéré de dire qu'un objet, dont la production et la demande n'ont pas changé depuis le milieu du siècle et qui valait à ce moment 3 francs, doit en valoir 4 actuellement.

Donc, si les forêts domaniales ont conservé la même surface, la même production en matière, la même demande en bois, un produit annuel des coupes d'une valeur approximative de 40 millions n'aurait rien d'anormal. Ce chiffre de 40 millions ne semble pas excessif, puisque les forêts de l'État, dont la contenance est d'environ un million d'hectares, ne fourniraient ainsi qu'un revenu *brut* de 40 francs par hectare et par an. Les coupes annuell.s dans les forêts allemandes, et notamment en Bavière, donnent un revenu supérieur à ce chiffre.

Or, nous l'avons dit, les coupes domaniales donnent seulement un revenu brut de 20 à 24 millions ; il est intéressant de rechercher les causes de ce fait, qui se rattache directement à la jouissance usufructuaire des forêts domaniales.

1° On a pu attribuer, en partie, cette diminution de produits à la perte des forêts domaniales enlevées à la France avec l'Alsace-Lorraine : mais cette cause est évidemment insuffisante pour expliquer toute la différence que nous avons indiquée ; l'étendue des forêts domaniales d'Alsace-Lorraine (environ 150,000 hectares) ne peut pas correspondre à une baisse aussi notable.

2° On a pu dire : « La demande en bois a diminué par suite de la vulgarisation du charbon : il en est résulté une baisse de prix sur les bois, et les coupes domaniales, tout en produisant la même quantité en matière, n'ont plus donné la même recette en argent. » Ce raisonnement serait absolument faux : la statistique démontre que la demande en bois dans toutes les villes, et notamment à Paris, loin d'avoir diminué, a augmenté ; malgré l'extension considérable de la demande en charbon et en fer, le développement de l'industrie et l'augmentation de la fortune publique ont exigé une quantité de bois de plus en plus grande : les prix des bois ont suivi en général une marche ascendante, et les statistiques relatives à l'importation montrent des chiffres de plus en plus élevés.

3° La baisse des coupes domaniales ne pouvant être expliquée ni par la diminution superficielle des forêts, ni par la diminution de la demande en bois et du prix des bois, il faut nécessairement en attribuer les causes à une diminution de la production en matière.

La production en matière est une conséquence de l'aménagement de la forêt ; nous avons défini *l'aménagement* d'une forêt ; nous devons faire ressortir l'insuffisance des dispositions légales qui règlent l'aménagement et par suite *la jouissance* des bois domaniaux.

La loi des 15-29 septembre 1791, dans l'article 4 de son titre 15, déclarait : « *Il sera incessamment fait une loi sur les aménagements.* » Or, *cette loi n'a jamais été faite.*

Les seules dispositions légales relatives à l'aménagement sont contenues dans la section 2e du titre 3 du Code forestier : elles constituent les deux seuls articles 15 et 16 de ce Code. Ces deux articles 15 et 16 se bornent à dire que tout aménagement (art. 15), toute coupe extraordinaire ou de quart en réserve (art. 16) ne pourra avoir lieu que par décret.

L'ordonnance réglementaire du 1er aout 1827, dans ses articles 67 à 72, ne contient que peu de prescriptions relatives à l'aménagement : « Les aménagements, dit l'article 68, seront réglés principalement dans l'intérêt des produits en matière et de l'éducation des futaies. En conséquence, l'administration recherchera les forêts et parties de forêts qui *pourront* être réservées pour croître en futaie, et elle en proposera l'aménagement, en indiquant celles où le mode d'exploitation *par éclaircie* pourrait être le plus avantageusement employé. »

Les articles 69 et 70 règlent l'âge d'exploitation et le nombre des réserves des coupes de taillis.

L'article 72 indique que le décret réglant l'aménagement des forêts jardinées devra déterminer l'âge ou la grosseur des arbres exploitables.

En ce qui concerne la composition de la commission d'aménagement, son mode de fonctionnement, les bases d'après lesquelles le régime d'exploitation sera choisi, le règlement si important des droits d'usage et notamment du pâturage en forêt, nous ne trouvons *aucune disposition légale*.

Le résultat de ce défaut de législation en matière d'aménagement a été l'application universelle d'un système qui, suivant l'expression d'un éminent professeur, « ne se prête que difficilement aux applications indéfinies que l'on veut en tirer ; » nous voulons désigner la *méthode des éclaircies*.

Dans les hautes Vosges, l'application de cette méthode a produit des conséquences funestes : « Les coupes d'ensemencement, dit un forestier distingué, ont été trop souvent assises dans des massifs insuffisamment garnis de jeunes sapins ; comme elles étaient trop claires, il en est résulté que le sol n'a pas tardé à se dépouiller de son humus et que les roches ont perdu la couche de mousse qui les tapissait. L'ensemencement naturel se faisant mal, *des repeuplements artificiels coûteux et difficiles s'imposent.* »

On a regretté vivement dans ces forêts de haute montagne l'adoption de la méthode des éclaircies, et l'abandon de la méthode jardinatoire ; la méthode du jardinage y avait fait ses preuves, et son application était très simple, puisqu'il suffisait d'exploiter chaque année un nombre d'arbres fixé, sur une étendue déterminée, dans certaines catégories de grosseur nettement indiquées.

Dans une forêt du centre, fort importante en étendue, située en plaine sur un sol généralement peu profond, peuplée en chêne, bouleau et pin sylvestre, traitée en taillis composé avec éclaircie des pins, un premier aménagement de conversion fut fait en 1869 avec adoption du régime de la futaie pour toutes les essences, et de la méthode des éclaircies : on a dû revenir au régime du taillis composé, et abandonner l'aménagement de conversion.

Cette méthode des éclaircies, assurément excellente dans beaucoup de régions, ne produit donc pas, dans toutes les forêts, les mêmes bons résultats. Dans toutes les forêts feuillues elle exige une première économie de matériel en bois sur pied et par suite une baisse de revenu mais une baisse seulement momentanée ; dans celles des forêts feuillues où la formule des éclaircies est difficilement applicable, cette baisse persiste. Dans toutes les forêts résineuses, l'opération de conversion en éclaircies donne lieu aux coupes les plus délicates et les plus difficiles.

L'application de la formule des éclaircies a été générale : *en 1868* elle comprenait *757,012 hectares* dont *473,537 hectares* de futaies proprement dites, et *283,475 hectares* de bois en conversion ; il ne restait plus que *275,139 hectares* de taillis.

On voit que les causes de la situation actuelle remontent loin dans le passé ; elles résultent bien plutôt de la loi que du fait des administrateurs.

Nous pensons que le décroissement du revenu des forêts domaniales a sa cause principale dans une législation insuffisante de l'aménagement. Les bois domaniaux ont, dans beaucoup de régions, souffert de leurs aménagements de conversion, il en est résulté souvent des changements dans les conditions économiques des régions forestières et une diminution de débouchés pour les bois domaniaux.

Il importe de relever les recettes du Trésor ; pour relever ces recettes, il faut augmenter la production en bois, et pour augmenter la production, il faut créer une bonne législation de l'aménagement en développant l'article 15 du Code forestier. Dans cette loi sur l'aménagement, le législateur portera son attention sur la composition de la commission d'aménagement ; celle-ci déterminera le régime de traitement de la forêt en taillis simple ou composé, en futaie jardinée ou éclaircie; elle sera formée par des agents ayant servi un certain temps dans la région; peut-être serait-il utile de leur adjoindre un ou plusieurs membres désignés par le conseil général et choisis parmi des experts d'une compétence et d'une indépendance indiscutables; un règlement des usages forestiers pour chaque commune sera annexé à l'acte d'aménagement; quand il s'agira d'usage au pâturage, le règlement de pâturage qui devra faire partie de l'aménagement, déterminera pour chaque commune l'étendue des cantons défensables à livrer au parcours. La commission, dans le choix du régime en taillis ou en futaie, se pénétrera de cette idée qu'en raison de l'emploi du fer dans les constructions navales et civiles, *la mission de l'état ne consiste plus uniquement dans la production des bois de grandes dimensions*, mais dans la production des bois donnant *le bénéfice net le plus élevé* ; les grandes lignes de l'aménagement étant fixées par la commission, les détails pourront être réglés par les agents forestiers du service local.

Une bonne législation de l'aménagement conduira à des prescriptions conformes à la nature de chaque sol, de chaque climat, et de chaque essence, aux besoins économiques variables de chaque région forestière. L'Etat exercera ainsi son véritable rôle d'*usufruitier*, qui consiste à réaliser les fruits à l'âge de leur maturité, ni plus tôt ni plus tard, et à déterminer l'âge de cette maturité, suivant l'expression légale, en bon père de famille.

Section II. — Etat des forêts domaniales en Algérie.

En Algérie, les indigènes se prétendent usufruitiers du sol forestier domanial, quand ils ne s'en disent pas propriétaires; ou bien, s'ils ne s'attribuent ni la pleine propriété, ni l'usufruit, ils déclarent avoir des droits d'usages, tant au bois qu'au pâturage, tellement étendus que la somme de ces droits est bien près d'équivaloir à la pleine propriété.

Sur quelles bases s'appuient-il ? *Sur la prescription.* Il raisonnent ainsi :

« Depuis des siècles, disent-ils, nous avons exercé sur les forêts des droits tellement étendus que nous les avons même dévastées; partout nous avons coupé les arbres dont nous avions besoin; partout nous avons conduit nos troupeaux.

Les peuples sous la domination desquels nous avons passé dans le cours des temps, et notammen le gouvernement Turc, ont peut-être prétendu théoriquement à la propriété des forêts; mais il y a longtemps que ces prétentions ont été anéanties par la prescription; les milices turques se contentaient de prendre dans les forêts les bois nécessaires à leurs besoins, et de venir recouvrer les impôts annuels; ces impôt étaient le prix d'une protection donnée par une nation étrangère ou le tribu du vaincu au vainqueur; ils ne constituaient nullement la reconnaissance d'un domaine éminent, pas plus que vos impôts en France ne sont le signe d'asservissement de la propriété particulière.

Les Français doivent donc reconnaître notre droit immémorial sur nos forêts, et quand ils ne nous les reconnaissent pas à titre de propriétaires, ils doivent tout au moins nous les reconnaître à titre d'usufruitiers. Avant de nous appliquer le Code forestier, il faut nous appliquer le Code civil, et le titre 20 du Code civil garantit nos droits. »

Il est incontestable que ces idées n'ont pas été sans influence sur le sénatus-consulte du 22 avril 1863 et la loi du 16 juin 1851 : le sénatus-consulte du 22 avril 1863 consacre la propriété collective et la propriété individuelle des indigènes; la loi du 16 juin 1851 désigne, comme faisant partie du domaine de l'état, les bois et forêts, mais sous la réserve des droits de propriété et d'usage *régulièrement* acquis avant la promulgation de cette loi;

or, les indigènes se prétendent propriétaires particuliers ou collectifs de tous les massifs boisés; il en résultait donc, à leur point de vue, une reconnaissance de leur droit immémorial; aussi ont-ils été très irrités, quand ils ont vu le gouvernement non seulement maintenir les précédentes soumissions au régime forestier, mais en constituer de nouvelles; le décret du 29 septembre 1873 ordonnait la reconnaissance et la délimitation définitive des forêts; de plus, il prescrivait la soumission au régime forestier des forêts reconnues exploitables ou nécessaires au point de vue du régime des eaux.

Si nous examinons les arrêtés du gouvernement général de l'Algérie, nous y voyons également la préocupation constante de ne pas heurter de front les droits des indigènes : dans toutes les soumissions au régime forestier, on remarque la réserve constante des droits d'usages en faveur des indigènes; d'après l'arrêté de soumission au régime forestier relatif à la forêt de Teniet-el-Haad, par exemple, les indigènes conservent le droit de mener pacager leurs troupeaux, de récolter les glands doux, de prendre le bois nécessaire à la construction des gourbis, (Arrêté du 25 mai 1855).

De même, dans la forêt des Ouled-Anteur (7 août 1857), de même dans toutes les autres forêts, les droits des indigènes sont reconnus.

La soumission au régime forestier, avec le maintien de tous les droits des indigènes tels qu'ils les exerçaient, aurait constitué une mesure exclusivement théorique et inutile au point de vue de la protection des forêts : le gouvernement, s'appuyant sur l'intérêt supérieur de la civilisation et sur l'intérêt futur des intéressés eux-mêmes, a réglementé ces droits des indigènes, les considérant comme de simples droits d'usages et leur appliquant le Code forestier. (Circulaire du 8 février 1876. Arrêt de la cour de Cassation du 25 janvier 1883).

Il était urgent, en effet, de prendre des mesures contre le déboisement de l'Algérie ; pour donner à cette contrée l'eau et les pâturages qui lui manquent, on conseille avec raison la reconstitution de ses forêts. Dans les temps anciens, l'Algérie était bien boisée ; l'eau et les pâturages ne lui faisaient pas défaut ; Hérodote, Strabon, Pline, Plutarque nous signalent dans la Mauritanie, la Gétulie et l'Atlas, et aussi dans le sud de la Numidie, la présence d'animaux tels que l'éléphant, dont l'existence suppose nécessairement des eaux et des herbages ; car il y a une corrélation certaine entre la faune et la flore d'une région.

Pendant l'occupation romaine, la fertilité de l'Afrique du Nord l'avait fait appeler « le grenier de Rome » ; l'agriculture y trouvait de l'eau et des pâturages ; on y voit encore, dans des contrées actuellement privées d'eau, de nombreuses ruines de barrages autrefois destinés à l'irrigation des terres.

Puis, les invasions barbares et arabes favorisèrent les défrichements des forêts ; l'insouciance des Musulmans contribua à déprimer l'activité des indigènes ; le parcours des troupeaux devint l'industrie prédominante ; et les déboisements en furent la conséquence immédiate.

Aujourd'hui la France possède en Algérie un domaine forestier d'environ 2 millions d'hectares, dont l'état de boisement est extrêmement précaire ; les peuplements forestiers endommagés par la dent des troupeaux sont généralement mauvais ; les frais de gestion se montent annuellement à environ 3 millions, tandis que le rapport annuel n'est que d'environ 500,000 francs ; sur ces 500,000 francs, 200,000 représentent approximativement le prix des coupes de bois ; les transactions sur les délits forestiers produisent, à elles seules, le même chiffre, soit environ 200,000 francs ; et, si les procès-verbaux étaient suivis dans toute la rigueur du Code forestier, les condamnations se monteraient à environ 1,600,000 francs. Ces chiffres sont saisissants ; il prouvent évidemment que les forêts algériennes sont dans une situation qui appelle l'attention des pouvoirs publics.

Le législateur devra diriger tout d'abord ses études vers les forêts de chênes-liège, qui, seules, peuvent produire un revenu immédiat : « L'Algérie, dit un économiste distingué, renferme environ 449,000 hectares de forêts de chênes-liège, qui, au début de la conquête, appartenaient intégralement au domaine de l'État, mais qui aujourd'hui sont répartis comme il suit : 162,000 hectares aux particuliers, 12,000 aux communes, 275,000 à l'État. C'est un domaine admirable, qui n'a son pareil nulle part, d'autant plus précieux que le liège ne se rencontre en dehors de l'Algérie, qu'en Tunisie, en Espagne, en Portugal et dans quelques coins du Midi de la France et que les débouchés du liège sont absolument indéfinis. Dès l'année 1862, 162,000 hectares, situés dans les régions les plus facilement accessibles, les plus riches en produits, ont été concédés d'abord temporairement, puis, après diverses prorogations successives de la jouissance, finalement abandonnés en toute propriété aux concessionnaires. Cette aliénation s'est faite dans les conditions les plus déplorables pour le Trésor. Le décret du 2 février 1870, qui l'a consommée, a stipulé que l'hectare de forêt couvert de chêne-liège serait abandonné à raison de 60 francs et que ces 60 francs seraient payables dans un délai de trente ans, comme il suit : aucun paiement ne devait être fait pendant les dix premières années. Pendant les dix années suivantes, les acquéreurs payaient 2 francs par an et par hectare et pendant les dix dernières années, 4 francs. Mais on ne devait comprendre dans le calcul des surfaces abandonnées, ni les parties touchées par le feu avant 1870, ni un tiers du surplus. De sorte que, tout compte fait, l'hectare a été abandonné au prix dérisoire de 15 francs, alors qu'on estime en général que le revenu annuel est de 40 francs, et que l'hectare vaut, au bas mot, 500 à 1,000 francs.

« Lorsque ces 162.000 hectares eurent été quelque peu digérés, d'autres appétits surgirent. En 1876, on mit en location 50,000 autres hectares de forêts peuplées de chênes-liège. Cette fois, la location était faite pour quatorze ans seulement. Ces forêts devaient être mises en valeur par le démasclage et l'ouverture de tranchées protectrices dans les quatre premières années du bail. Mais rien n'était encore fait dix années plus tard, on ne se gênait guère pour dire que les concessionnaires ne restitueraient jamais ces forêts et deviendraient propriétaires dans les mêmes conditions que *ceux du temps de l'Empire*. En fait, ils n'ont pas cessé, depuis dix ans, de solliciter, sous prétexte d'incendies, des prorogations de concession, comptant bien que, de prorogation en prorogation, on serait forcé, de guerre lasse, de leur abandonner la pleine propriété. Aujourd'hui la lutte avec ces tenaces détenteurs est à peu près terminée, et la réintégration des 50,000 hectares imprudemment amodiés sera définitivement acquise le 31 décembre 1893.

« Restent 225,000 hectares de forêts, qui n'ont été ni abandonnés ni amodiés.... Ces forêts, mises en valeur, rapporteraient, à raison de 40 francs par hectare, une somme annuelle d'environ 8 millions. »

Quand bien même ces forêts de chênes-liège ne rapporteraient que la moitié de ces 8 millions, ce revenu couvrirait au moins les frais de gestion ; il permettrait d'attendre un développement de la colonisation suffisant pour mettre en rapport les autres essences, pin d'alep, thuya, cèdre, chêne yeuse, chêne zéen.

L'amélioration et la mise en valeur des forêts de chêne-liège constitue donc la première opération nécessaire pour la reconstitution des forêts algériennes.

Si nous passons en revue les causes actuelles du déboisement de l'Algérie, nous trouvons en première ligne *les incendies* qui ont lieu tous les ans par suite de l'imprudence ou de l'irritation des indigènes ; le moyen de limiter sinon d'empêcher ces incendies consiste, en dehors des mesures légales de surveillance, dans l'entretien de tranchées destinées à arrêter le feu.

En second lieu, nous voyons *l'abus du pâturage* : le seul remède à cet abus est la constitution de la propriété indigène, et le règlement des droits d'usages.

Une troisième cause consiste dans *l'enlèvement des perches par les usagers indigènes, et* dans *les défrichements* auxquels ils se livrent ; là encore le règlement des droits d'usages atténuera le nombre des délits.

Enfin, une cause qui a certainement influé sur l'état des forêts algériennes, c'est *la discordance des règlements forestiers émanés du gouvernement général* depuis l'occupation.

Dès le début de l'occupation, on constate le triste état des boisements algériens : le 4 septembre 1831 paraît un arrêté du général commandant en chef, qui défend l'abatage des arbres de haute futaie.

Le 2 avril 1833, un nouvel arrêté interdit l'abatage des arbres forestiers ou fruitiers, ayant au moins 3 décimètres de tour à 3 décimètres au-dessus du sol : on peut se demander pourquoi l'on voulait empêcher d'abattre des arbres de grosse dimension, c'est-à-dire des arbres généralement mûrs, dès l'instant qu'on permettait de détruire toutes les jeunes perches, avenir des peuplements.

Le 20 mars 1847 une circulaire indique les dispositions à prendre pour ménager les ressources en bois de chauffage et de construction ; le gouverneur exprime le désir que les arabes apportent assez de bois sur les marchés, pour que l'administration puisse s'y approvisionner directement. Il est facile de reconnaître que ces prescriptions devaient produire des résultats diamétralement opposés à ceux que l'on cherchait : en favorisant la vente des bois indigènes, on encourageait à défricher et à exploiter les forêts éloignées des centres.

De nombreuses concessions de chênes-liège ont été faites depuis l'occupation jusqu'en 1871 ; mais ce n'est que le 10 mars 1861 que paraît un cahier des charges générales pour l'exploitation des forêts de chênes-liège ; on a fini par reconnaître qu'il y avait eu des abus, et c'est seulement alors qu'est imposée l'obligation de jouir *en usufruitier, en bon père de famille.*

Ce n'est que le 9 août 1864 qu'un décret impose l'exploitation des forêts de chênes-liège par voie d'adjudication publique ; jusqu'à ce moment, la distribution des concessions était faite arbitrairement.

Le 7 août 1867, le gouvernement s'engage dans la voie funeste des aliénations, et règle par un décret les conditions de l'aliénation des forêts dont l'exploitation a été concédée par bail de 90 ans : pour les forêts incendiées, la cession est *gratuite ;*

pour les forêts non incendiées, un tiers du prix sera remis aux adjudicataires, les deux autres tiers seront payés en 20 annuités égales. Le prix de l'hectare variait de 250 à 325 francs. Les concessionnaires pouvaient librement défricher et mettre en culture les forêts qui leur étaient accordées.

Un décret du 2 février 1870 détermine pour les titulaires des concessions les conditions de cession des forêts en toute propriété ; ces conditions sont encore des plus favorables aux concessionnaires.

Jusqu'en 1876, de nombreuses forêts ont été soumises au régime forestier, toujours avec réserve des droits d'usages en faveur des indigènes, mais jamais avec un règlement quelconque de ces droits d'usages ; c'est seulement le 8 février 1876 que paraît une circulaire réglementant l'exercice général des droits d'usages dans les forêts ; il faut reconnaître d'ailleurs que cette circulaire n'a pu avoir que peu de résultats pratiques ; pour qu'il en fût autrement, il faudrait une constitution fixe de la propriété indigène : elle n'a pas encore eu lieu.

Nous pouvons donc conclure que, si les indigènes algériens ont contribué au déboisement en exerçant leurs droits d'une manière abusive, l'Etat français n'a pas pris, dès l'origine, les mesures nécessaires pour modeler sa jouissance sur celle de *l'usufruitier légal*, pour jouir en bon père de famille ; c'est surtout sur les forêts de chênes-liège que l'Etat devait d'abord appliquer sa jouissance usufructuaire ; or, les meilleures de ces forêts ont été concédées à des particuliers avant 1870, et le reste commence seulement à être mis en valeur depuis 1881, grâce aux récentes mesures prises par l'administration.

Section III. — Etat des bois communaux.

Les communes et les établissements publics sont, comme l'Etat, des êtres moraux, qui doivent jouir de leurs biens *comme des usufruitiers* ; ces biens sont, pour ainsi dire, *substitués*.

Les forêts des communes et des établissements publics comprennent à peu près 2 millions d'hectares ; les articles 90 et 112 du Code forestier, (titre 6), règlent leur soumission au régime forestier et leur mode de gestion par l'Etat. Les pouvoirs des représentants légaux des communes et des établissements publics sont fort restreints, et leurs voies de recours sont très réduites par la loi : de plus le titre 6 du code forestier impose des prescriptions surannées relativement au quart en réserve, et à l'affouage.

D'autre part, les bois des communes sont aménagés à des révolutions plus longues et donnent un rapport annuel moindre que ceux des particuliers : la statistique agricole *officielle* de 1882 fournit les chiffres suivants comme moyenne générale de la production boisée par hectare :

pour les bois particuliers.	2m c	,882
pour les bois des communes non soumis au régime forestier.	2	,058
pour les bois des communes soumis au régime forestier. . .	1	,894
pour les bois de l'Etat.	1	,899

Les causes de cette situation nous paraissent résider principalement dans le défaut de règlements de pâturage et dans l'institution des quarts en réserve.

Les communes exercent des droits de pâturage qui ne sont pas réglementés par la loi d'une manière suffisante.

Quant aux quarts en réserve, imposés par l'article 93 du Code forestier, il semble que cette disposition est en opposition directe avec le droit de jouissance usufructuaire des communes : les communes doivent être considérées comme des usufruitiers : leur droit est donc de récolter les fruits de leurs forêts, aussitôt qu'ils sont arrivés à l'âge de la maturité ; or, le Code forestier prescrit d'en mettre en réserve un quart, sauf dans les bois totalement peuplés en résineux.

Les conséquences de cette mesure seront les

suivantes : comme la loi n'a pas indiqué le mode d'assiette de cette réserve de prévoyance, elle pourra être constituée à assiette fixe, c'est-à-dire par un quart de la contenance séparé sur le terrain, ou à assiette mobile, c'est-à-dire par un prélèvement d'un quart sur la possibilité des coupes ordinaires. Si le quart en réserve est à assiette fixe, on aura sur un quart de la surface boisée des peuplements trop mûrs, qui seront à juste titre l'objet des réclamations continuelles des communes ; si le quart en réserve est à assiette mobile, on accumulera sur toute la surface de la forêt des arbres dépassant, de plus en plus, l'âge de l'exploitabilité, et au bout d'un certain nombre d'années, toute la forêt sera dépérissante. Dans les deux cas, la jouissance exercée sur la forêt ne sera plus celle d'un usufruitier agissant en bon père de famille ; on y recueillera non plus des fruits mûrs, mais des fruits dépérissants : de pareils résultats sont absolument contraires à l'esprit du Code civil.

Ce qu'il y a de singulier, c'est que l'article 93 du Code forestier excepte de l'obligation du quart en réserve les communes qui possèdent moins de 10 hectares de bois réunis ou divisés, ou qui possèdent des forêts *totalement* peuplées en arbres résineux : on cherche vainement un motif logique à cette double exception.

Les résultats de cette législation ont provoqué, de la part des communes les plaintes les plus vives : une proposition de loi, (rapport du 2 avril 1892,) a donné un projet de réformes que l'on peut résumer ainsi :

1° Les pouvoirs des représentants légaux des communes et des établissements publics sont augmentés ; les bois des communes et des établissements publics, susceptibles d'aménagement, seront soumis au régime forestier par un arrêté du ministre de l'agriculture, mais seulement avec avis conforme du conseil municipal ou de la commission administrative.

2° Une commission arbitrale, composée du préfet, du conservateur des forêts, du trésorier général, d'un délégué du conseil général, et d'un délégué du conseil d'arrondissement du lieu du litige, statuera sur les difficultés qui pourraient s'élever entre l'administration forestière et les représentants légaux des communes et établissements publics relativement aux opérations de balivage ou de martelage, et à la possibilité de la forêt ; les décisions de la commission arbitrale sont soumises à l'homologation du ministre de l'agriculture.

On peut se demander en quoi cette commission arbitrale sera plus compétente que le conseil de préfecture : le conservateur sera nécessairement de l'avis de ses agents forestiers ; le conseiller général et le conseiller d'arrondissement seront nécessairement de l'avis de leurs électeurs ; quant au préfet et au trésorier général, ils seront peut-être embarrassés pour décider une question technique de balivage ou de possibilité forestière.

3° La proposition de loi permet avec raison de substituer le partage de l'affouage par tête au partage par feu.

4° Il ne sera plus établi de quart en réserve *fixe*; ceux qui sont installés pourront être supprimés sur la demande des conseils municipaux ou des commissions administratives.

Il eût été plus logique de supprimer purement et simplement tout quart en réserve *fixe ou mobile* : le quart en réserve mobile n'est pas moins que le quart en réserve fixe une atteinte à la jouissance usufructuaire des communes ; ses conséquences, si elles se font sentir moins rapidement, portent, par contre, sur toute la surface de la forêt. L'institution des quarts en réserve, qui nous vient de l'ordonnance d'août 1669 (titre 25, article 2) avait alors sa raison d'être dans la production des bois nécessaires aux constructions civiles et navales ; elle n'en a plus aujourd'hui.

On doit donc conclure que la législation actuelle ne facilite pas aux communes et aux établissements publics une jouissance de leurs forêts conforme à la jouissance permise aux usufruitiers, d'après les principes du Code civil ; le titre 6 du Code forestier est donc à réformer ; mais cette réforme ne peut être sérieusement accomplie qu'à la suite d'études approfondies et au moyen d'une loi préparée par le conseil d'état ; dès à présent, l'institution de règlements de pâturage et la suppression complète des quarts en réserve paraissent des dispositions destinées à prendre place dans la loi nouvelle.

Section IV. — Etat des bois particuliers soumis à un droit d'usufruit.

Lors de la préparation de la constitution de 1793, Robespierre proposa de restreindre les droits des citoyens sur leurs biens à un simple droit de jouissance, en d'autres termes de ne reconnaître légalement que des usufruitiers et pas de propriétaires : cette proposition fut repoussée et le principe de la propriété fut proclamé à juste titre. Cependant, si cette idée a été rejetée comme excessive, il n'en est pas moins vrai qu'elle avait des racines dans certaines prescriptions de notre législation ancienne (droits de gruerie, grairie, segrairie, etc....), et qu'elle a inspiré certaines dispositions de nos lois actuelles ; l'intervention du législateur pour restreindre la propriété individuelle, en vue de l'intérêt public, en vue même de l'intérêt des particuliers, ne date pas d'hier. L'ordonnance d'août 1669, (titre 5 article 1, titre 22 article 5,) en fournit une preuve en matière forestière : « Le lieutenant sera gradué, et fera en l'absence du maître les mêmes fonctions, tant dans nos bois et forêts, bois en gruerie, grairie, tiers et danger, et en ceux des apanagistes, engagistes et *usufruitiers*, pour les visites, assiettes, ventes, adjudications et récolements, qu'en l'audience et en la chambre du conseil, pour juger les affaires, et partout ailleurs ; auquel cas, pour les actes qu'il fera pour nous, il aura les deux tiers des droits, taxations et émoluments que prendrait le maître s'il était présent ; et, *pour les particuliers*, il en sera payé suivant les règlements et à proportion du travail. » (titre 5, article 1.). L'article 5 du titre 22 dispose que « les douairiers, donataires, *usufruitiers*, et engagistes ne pourront disposer d'aucune futaie, arbres anciens, modernes, ou balivaux sur taillis, même de l'âge du bois réservés ès dernières ventes, ni des châblis, arbres de délit, amendes, restitutions, confiscations en provenant ; .... »

Aujourd'hui, avec le titre 15 du code forestier (loi du 18 juin 1859), l'Etat ne peut-il pas, par l'interdiction de défricher, réduire le propriétaire de forêts particulières à un droit *voisin* du droit d'usufruit ; nous disons un droit seulement *voisin* du droit d'usufruit ; car le titre 15 n'empêche pas la réalisation des bois non mûrs ou des produits extraordinaires.

Mais ce titre 15 du code forestier n'est applicable qu'aux bois désignés dans l'article 220 de ce Code, c'est-à-dire aux bois nécessaires au maintien du régime des eaux, à la protection des dunes et des côtes, à la défense du territoire, à la salubrité publique ; d'autre part, les articles *1* du titre *15*, *5* du titre *22*, *1* et *2* du titre *26* de l'ordonnance d'août 1669, n'ont pas été maintenus dans la législation actuelle.

Les usufruitiers des forêts les administrent actuellement sans contrôle légal de l'Etat ou du nu-propriétaire.

Les conséquences de cette législation sont différentes suivant qu'il s'agit de taillis simples, de taillis sous-futaies, ou de futaies proprement dites.

S'il s'agit de taillis simples, le terme de maturité est facile à déterminer en examinant l'aménagement ou l'usage constant de la localité ; le contrôle de la part du nu-propriétaire pourra s'exercer pratiquement.

Il n'en est pas de même quand il s'agit de taillis sous-futaies : l'usufruitier, tout en coupant le taillis à sa maturité et en respectant en apparence le plan de balivage, aura tendance à faire tomber à chaque exploitation les grosses réserves d'un prix élevé ; il pourra baliver à l'insu du nu-propriétaire ; celui-ci, dès lors, éprouvera une extrême difficulté à faire la preuve des atteintes portées au plan de balivage ; le plus souvent, il sera dans l'impossibilité de défendre efficacement son droit de nu-propriétaire.

Dans les futaies proprement dites, les mêmes difficultés de preuve apportent les mêmes entraves au contrôle du nu-propriétaire qui n'a pas été prévenu des époques de martelage et qui veut démontrer que l'usufruitier a fait couper des arbres non exploitables.

Les forêts particulières soumises à des droits d'usufruit portent les traces de cette tendance à des exploitations forcées : elles sont généralement en bon état de végétation ; c'est l'intérêt même de l'usufruitier ; mais les peuplements y atteignent des dimensions généralement moindres que celles des autres forêts particulières. Dans les taillis sous-futaies et dans les futaies proprement dites, les grosses réserves sont bien vite considérées comme mûres et coupées par l'usufruitier.

Une disposition légale obligeant l'usufruitier à prévenir le nu-propriétaire ou son représentant du jour du balivage ou du martelage, un certain temps à l'avance, donnerait au nu-propriétaire un moyen de contrôle efficace et éviterait bien des difficultés ; cette mesure nous paraît utile non seulement dans l'intérêt des particuliers, pour tarir une source de procès, mais dans l'intérêt public, qui exige l'exploitation des arbres à l'âge de leur maturité ; les bois des particuliers, qui occupent environ 6 millions d'hectares, méritent la sollicitude du législateur au même titre que les bois de l'Etat et des communes, qui ensemble, ne couvrent que la moitié de cette surface.

CONCLUSION

Le Code civil réglemente et délimite le droit d'usufruit des particuliers sur leurs forêts avec une logique parfaite ; ses dispositions, déduites des principes les plus équitables du droit romain, forment dans leur ensemble un monument juridique qu'il serait difficile de reconstruire d'une manière plus solide ; mais il est possible d'en développer les assises en complétant les articles 590 et 594 du Code civil conformément aux remarques faites au cours de cette étude.

En suivant à la lettre les dispositions de la loi romaine, le législateur du Code civil a fait du nu-propriétaire et de l'usufruitier *deux étrangers* n'ayant entre eux, pendant l'usufruit, aucune relation : il serait avantageux, pour la propriété forestière, ainsi que nous l'avons dit, d'obliger l'usufruitier à prévenir du moment du balivage et du martelage le nu-propriétaire ; celui-ci pourrait alors exercer son contrôle en connaissance de cause ; cette disposition légale pourrait être comprise sous l'article 593 du Code civil, et l'article 593 actuel réuni à l'article 594.

Le droit usufructuaire de l'Etat, des communes, et des établissements publics, sur leurs forêts, doit être réglementé d'après les principes du Code civil : pour qu'il en soit ainsi, une loi sur les aménagements s'impose, conformément à la promesse faite par la loi des 15-29 septembre 1791, (titre 15, article 4) ; car les articles 15 et 16 du Code forestier sont insuffisants ; cette loi pourrait être adjointe à l'article 15 du Code forestier ; elle comprendrait la composition des commissions d'aménagement, le règlement des usages forestiers, l'institution d'un registre d'exploitation relatant exactement l'histoire économique de chaque forêt, et les autres prescriptions indiquées plus haut.

Dans les forêts d'Algérie, la constitution de la propriété indigène et l' ménagement des forêts de chêne-liège sont deux mesures urgentes.

Pour les forêts des communes et des établissements publics, la révision du titre VI du Code forestier au moyen d'une loi préparée par le conseil d'Etat nous semble actuellement nécessaire. Cette loi devra augmenter les garanties données aux représentants légaux des communes et des établissements publics : elle réglementera les aménagements et les droits d'usages, notamment les usages au pâturage ; elle pourra supprimer purement et simplement l'article 93 du Code forestier relatif aux quarts en réserve ; cet article est en effet une source de difficultés continuelles entre les représentants de l'Etat et ceux des communes ; de plus il constitue une disposition nettement opposée au droit usufructuaire des communes et des établissements publics.

Ces réformes ainsi comprises nous paraissent en harmonie avec l'esprit du Code civil, dont les grands principes dominent la législation entière.

FIN

DOCUMENTS STATISTIQUES OFFICIELS

SUR LES FORÊTS

SOUMISES A DES DROITS USUFRUCTUAIRES

Produit en argent des forêts domaniales.

Années	Produits des coupes	Produits divers	Totaux
1842	31.288.920 fr.	2.908.661 fr.	34.287 581 fr.
1843	25.535.303	4.717.025	30.252.329
1844	27.174.698	3.077.325	30.252.024
1845	35.046.959	6.020.169	41.067.126
1846	33.583.504	6.303.405	39.886.910
1847	24.956.396	6.015.738	30.972.135
1848	23.736.664	5 630.498	29.367.162
1849	25.102.981	5.929.483	31.032.465
1850	28.035.090	6.448.628	34.483.716
1851	22.097.484	5.896.139	27.993.623
1852	29.073.687	5 814 351	34.888.039
1853	29.988.444	6,236 974	36.225.419
1854	24.860.918	5 677.922	30.538.840
1855	30.901.294	5.713.004	36.614.298
1856	32.238.961	5.685.568	37.924.529
1857	32.576.585	5.280 991	37 857 577
1858	31.278.832	4.823.419	35.102 252
1859	33.077.592	4.719.034	37.796 626
1860	37.691.374	4.815.309	42.506.683
1861	37.719.176	5.142.984	42.862.160
1862	35.264.896	4.802 672	40.066.569
1863	34.130.623	4,002.862	38.133.485
1864	37.022 861	4.743.722	41.766.583
1865	36.547.314	4.601.339	41.148.654
1866	36.431 557	4.376.394	40.897.861
1867	34.496.723	4.308.772	38.805.495
1868	33.352.716	3.951.611	37.304.327
1869	35.820.171	4.127.372	37.545.844
1870	4.844.667	2.227.886	7.082.056
1871	49.281.167	3.707.721	52.988.888
1872	40.618 120	4 019.135	44.657.255
1873	31.679 571	3.760.344	35.439.915
1874	30 395.511	2.890.135	33.285.646
1875	33.981.882	3.663 832	37.648.714
1876	34.951.582	4.088.050	39.039.632
1877	30.697.740	3.375.669	34.073.409
1878	29.472.020	3.116.436	32.588.456
1879	29.511 315	3.339.263	32.850.578
1880	31.727 406	3.400.217	35.127.623
1881	25.850.428	3.502.509	29.352.937
1882	24.389 947	3.021.249	27.411.196
1883	23.519.017	4.489.492	28.008.509
1884	23.791.269	4.433.229	28.224.498
1885	22 012.312	4.091.579	26.103.891
1886	20.762 745	3.816.201	24.578.946
1887	20 873.564	3 879.338	24.752.902
1888	21.851.083	3.827.581	25.678.364
1889	21.273 698	3.939.685	25.213.383
1890	22.012.027	4.005.559	26.018.486
1891	23.835.935	3.911.637	27.747.572

*Tableau des contenances des forêts **domaniales** à des époques diverses.*

1791, d'après le comité des domaines	4.704.917 h.
1795, d'après la comm. du conseil des Cinq Cents.	2.592.706
1820, d'après les états d'assiette	1.212.566
1821, *id.*	1.190.453
1825, *id.*	1.122.076
1830, *id.*	1.128.832
1834, *id.*	1.033.127
1848, *id.*	1.023.642
1855, *id.*	1.092.655
1858, *id.*	1.077.046
1860, *id.*	1.063.221
1863, *id.*	1.090.186
1865, *id.*	1.111.759
1866, *id.*	1.086.867
1867, *id.*	1.091.541
1868, *id.*	1.088.966
1869, *id.*	1.084.565
1872, *id.*	998.540
1873, *id.*	991.768
1874, *id.*	990.612
1875, *id.*	992.954
1876, *id.*	982.118
1877, *id.*	985.086
1878, *id.*	989.086
1879, *id.*	990.888
1880, *id.*	991.926
1881, *id.*	997.768
1882, *id.*	997.768
1883, *id.*	1.003 948
1884, *id.*	1.012.688
1885, *id.*	1.124.068
1886, *id.*	1.020.106
1887, *id.*	1.070.477
1889, d'ap. le tabl. annexé au déc. du 9 av. 1889 .	1.070.616
1801, d'après les rectifications faites en 1889 . .	1.075.616

Tableau des aliénations des forêts domaniales

Années de la vente	Contenance vendue	Prix de vente	Loi autorisant l'aliénation
1814-1815	39.546.70	33.289.058f	Loi du 23 septembre 1814.
1816	2.411.23	1.959.797	
1818	21.246.07	16.691.102	
1819	34.449.45	23.234.527	
1820	18.659.63	14.526.868	
1821	23.646 36	20.116.501	
1822	18.323.40	9.870.080	Loi du 25 mars 1817.
1823	3.388.89	2 375.806	
1824	2.206.83	1.392.324	
1825	1.55	1 923	
1826	34.64	23.034	
1831	24.729.20	22.703.211	
1832	41.723.97	35.376.385	
1833	23.559.99	24.095.696	Loi du 25 mars 1831.
1834	14.626.85	17.977.295	
1835	12.140.32	14.144.685	
1852	7.404.49	9.101.447	
1853	15.713.33	13.437.775	
1854	2.912.48	2.221.115	Loi du 8 août 1850.
1855	9 294.54	7.516.736	
1856	5.635.19	6.093.320	Loi du 5 mai 1855.
1861	1.064 28	1.149.247	Déc. du 27 mars 1852, loi du 28 juill. 1860 (reboisement des montagnes et constr. de routes forestières), lois du 19 mai 1863 et du 2 août 1868 (constr. de routes forestières), loi du 8 juin 1864 (gazonnement des montagnes), loi du 18 juill. 1866 (amortiss.).
1862	5.900.88	6.773.960	
1863	7.157.87	4.875.647	
1864	7.946.11	7.492.241	
1865	5.189.60	4.120.483	
1866	2.619.79	4.233.517	
1867	446.28	831.188	
1868	536.79	595.300	
1869	109.49	169.610	
1870	18.51	24.000	
Totaux. .	352.644.71	306.414.882	

Nota. — Aucune aliénation n'a été faite depuis 1870.

Contenance des forêts et des terres incultes de la France[1].

Contenance		Changements dans la contenance depuis l'achèvement du cadastre jusqu'au 1er janvier 1879.	
d'après les matrices cadastrales. Situation de 1879.	d'après les évaluations faites en 1879-81	Augmentations	Diminutions
hectares	hectares	hectares	hectares
Bois et Forêts			
8 144 718	8 397 131	104 315	436 899
Landes, Patis et autres terrains incultes			
8 108 306	6 746 800	104 315	1 465 821

[1] Ces chiffres sont extraits des tableaux de répartition des cultures dressés par l'administration des contributions directes, pour procéder, en exécution de la loi du 9 août 1879, à une nouvelle évaluation du revenu foncier des propriétés non bâties. Ils ne comprennent pas la contenance des forêts domaniales, qui ne sont pas considérées comme imposables.

Tableau des aliénations et des défrichements des bois des communes et des établissements publics depuis 1855 *jusqu'en* 1892.

Années	Défrichements des bois soumis au régime forestier	Défrichements des bois non soumis au régime forestier	Totaux	Aliénations
	2	3	4	5
	h. a.	h. a.	h. a.	h. a.
1855	705.18	435.34	1.140.52	»
1856	190.29	114.91	305.20	1.97
1857	288.26	555.95	844.21	211.11
1858	444.77	72.97	517.74	906 63
1859	483.30	116.23	599.53	757.25
1860	404.32	123.45	527.77	1.217.30
1861	402.67	80.20	482.87	632.68
1862	282.14	157.46	439.60	632.70
1863	439.56	62.34	501.90	443.96
1864	367.74	114.28	482.02	550.61
1865	390.07	90.71	480.78	674.25
1866	227.57	42.33	269.90	617.55
1867	251.75	84.08	335.83	132.25
1868	399.93	16.40	416.33	558.58
1869	226.51	25.02	251.73	951.42
1870	274.69	0.18	274.87	149.18
1871	83.24	»	83.24	5.47
1872	81.50	»	81.50	666.70
1873	187.50	7.20	194.70	22.82
1874	165.52	11.78	177.30	131.00
1875	5.50	7.19	12.69	418.57
1876	41.34	5.10	46.44	47.83
1877	45.08	0.54	45.62	40.13
1878	59.10	1.50	60.60	502.19
1879	8.42	9.50	17.92	78.50
1880	217.06	0 26	217.32	59.59
1881	98.75	32.99	131.74	153.23
1882	84.58	»	84.58	15.17
1883	79.22	2.05	81.27	142.38
1884	29	»	29	3.63
1885	»	»	»	34.14
1886	34.42	»	34.82	43.29
1887	62.69	»	62.69	18.95
1888	105.99	»	105.99	95.16
1889	115.73	»	115.73	51.38
1890	55.74	0.69	56.43	162.17
1891	5.19	»	5.19	285.73
1892	234 51	»	234.51	6.35
Totaux . . .	7.550.52	1.170.85	9.721.37	11.021 84

Tableau de l'importation et de l'exportation des bois communs.

Années	Importation		Exportation	
	Valeurs officielles de 1826.	Valeurs actuelles	Valeurs officielles	Valeurs actuelles
1827	20.400.000	»	4.500.000	»
1828	20 800.000	»	2.400 000	»
1829	20.600.000	»	3.900.000	»
1830	22.000.000	»	2.500.000	»
1831	14.700.000	»	2.100.000	»
1832	19.300.000	»	2.400.000	»
1833	24.100.000	»	3.900.000	»
1834	27.300.000	»	2.600.000	»
1835	32.100 000	»	2.800.000	»
1836	31.200.000	»	4.100.000	»
1837	31.200.000	»	3.100.000	»
1838	31.900.000	»	3.700.000	»
1839	34.500.000	»	4.000.000	»
1840	34.900.000	»	4.700.000	»
1841	38.400.000	»	3.400.000	»
1842	44.400.000	»	3.900.000	»
1843	42.500.000	»	4.100.000	»
1844	39.700.000	»	4.300.000	»
1845	42.200.000	»	5.000 000	»
1846	52.000.000	»	5.700.000	»
1847	43.100.000	60.700.000	5.700.000	5.700.000
1848	22.700 000	30.700.000	3.500 000	2.900.000
1849	33.600.000	43.500.000	4.900.000	4.000.600
1850	39.600.000	50 100.000	5 600.000	4.700.000
1851	38.800.000	51.300.000	6.200.000	5.200.000
1852	44.300.000	61.900.000	7.000.000	6.300.000
1853	46 600.000	69.100.000	7.700.000	7.200 000
1854	37.500.000	58.500.000	8.800.000	8.200.000
1855	40.100.000	69.700.000	8.700.000	8.900.000
1856	42.700 000	76·600.000	10.300.000	9.900.000
1857	48.500.000	85.000.000	11.900.000	11.500.000
1858	44.600.000	83.700.000	14.200.000	14.500.000
1859	53.900 000	106.200.000	15.800.000	17.300.000
1860	57.900.000	123.600.000	16.400.000	21.700.000

Tableau de l'importation et de l'exportation des bois communs (suite).

	Importation		Exportation	
Années	Valeurs officielles de 1826	Valeurs actuelles	Valeurs officielles	Valeurs actuelles
1861	65.200 000	139.800.000	19.400.000	26.400 000
1862	55.000.000	117.800.000	20.100.000	26.400 000
1863	63.200.000	133.200.000	24.700.000	33.500.008
1864	»	132.400.000	»	33.200 000
1865	»	150.700.000	»	34.700.000
1866	»	180.400.000	»	32.200.000
1867	»	172.600 000	»	33.900 000
1868	»	179.400.000	»	34.800.000
1869	»	189 263.000	»	38.813.000
1870	»	151.250.000	»	29.497.000
1871	»	89.840.000	»	22 969.000
1872	»	128.733.069	»	25.274.000
1873	»	156.290.000	»	46 022 000
1874	»	176.600.000	»	47.800 000
1875	»	164.100 000	»	41.400.000
1876	»	202.400 000	»	44.400.000
1877	»	204.000.000	»	38.700.000
1878	»	220.600.000	»	33.400.000
1879	»	211.100.000	»	31.100.000
1880	»	278 000 000	»	34 800.000
1881	»	214.400.000	»	31.700.000
1882	»	228.400.000	»	27.200.000
1883	»	217.600.000	»	28.000.000
1884	»	194.100.000	»	29.300.000
1885	»	158.900.000	»	26.100.000
1886	»	143.200.000	»	22.500.000
1887	»	158.300.000	»	25.300 000
1888	»	165.600.000	»	32.100.000
1889	»	172.800.000	»	44.200.000
1890	»	157.000.000	»	42.900.000
1891	»	251.200.000	»	47.300.000

Les chiffres d'importation et d'exportation sont ceux dits du *commerce spécial*; ils représentent, pour l'importation, la totalité des marchandises laissées à la disposition des importateurs, et, pour l'exportation, la totalité des marchandises nationales exportées et les marchandises étrangères renvoyées à l'étranger après avoir été admises en France, soit en franchises, soit moyennant un droit d'entrée.

La valeur des marchandises est appréciée chaque année par une commission dite *des valeurs de douanes*. Cette val ur est dite *actuelle*.

Consommation de la Ville de Paris, en combustibles de 1852 à 1892

Années	Bois à brûler	Charbon de bois et poussier	Houille, anthracite et tourbe
	stères	hectolitres	kilogrammes
1852	719.069	3.160.123	1.323.715.700
1853	700.029	3.259 515	395.081.275
1854	737.184	3.279.815	400.205.242
1855	838.869	3.553.476	452.900.981
1856	776.780	3.481.372	419 506.428
1857	824 056	3.487.746	405.221.217
1858	776.397	3.390.076	406.590.121
1859	773.[illegible]61	3.468.423	432.200.769
1860	824.603	4.327.117	520 314.615
1861	937.201	5.121.540	614.179.280
1862	942.926	4.970.944	678.371.145
1863	789.598	4.904.987	629.863.191
1864	797.973	5.067.773	695.138.155
1865	860.152	4.814.880	748.712.354
1866	850.281	4.924.501	793.[illegible]30.520
1867	837.106	4.159.921	809.418.33
1868	872.785	4.921.718	705.340.115
1869	951.157	4.902.414	687·182.598
1870	591.313	2.8 4.341	472.586 641
1871	819.345	4.087.785	547.301.070
1872	894.628	4.751.870	899.681.468
1873	802.872	5.635.639	105.144.347
1874	624.3[illegible]	4.904.861	675.298.816
1875	720.653	4.826.484	754.158.055
1876	762.984	5.172.128	790.594 466
1877	651.464	5.016.453	713.390.316
1878	729.885	5 036.970	824 550.581
1879	840.013	5.122.640	943.503.889
1880	896.465	5.455.750	1.882.466.563
1881	793.000	5.092.000	951.678.000
1882	661.000	4.966.000	963.819.000
1883	774.440	5.105.094	1.015.057 255
1884	713.947	5 053 087	992 913.764
1885	717.783	3.805.614	1.053.140.257
1886	785.000	4.907.000	1.098.018.000
1887	725.000	4.723.000	1.222.814.000
1888	738.000	4.533.000	1.273.412.000
1889	678.000	4.467.000	1.305.950.000
1890	665.000	4.235.000	1.383.801.000
1891	714.000	4.295.000	1.411.076.000
1892	605.067	4.129.368	1.353 366.467

Consommation de la Ville de Paris, en bois d'œuvre, fers et fontes de 1869 *à* 1892

Années	Bois à ouvrer			Lattes et treillages	Fers mployés dans les constructions	Fontes employées dans les constructions
	Chêne et bois durs	Sapins et bois blancs	Total			
	stères	stères		bottes	tonnes	tonnes
1869	235.000	288.000	523.000	355 000	45.983	18.728
1870	120.000	177.000	297.000	172.000	16.387	6.495
1871	76.000	151.000	27.000	125.000	7.170	6.522
1872	162.000	287.000	449.000	219.000	16.666	12.420
1873	154.000	269.000	423.000	220.000	13.533	11.826
1874	139.000	232.000	371.000	172.000	17.343	15.739
1875	142.000	239.000	381.000	175.000	19.588	13.781
1876	156.000	268.000	424.000	170.000	11.056	17.286
1877	169.000	303.000	472.000	232.000	256.436	25.883
1878	159.000	304.000	463.000	182.000	31.109	21.348
1879	172.000	288.000	460.000	224.000	35.744	25.961
1880	214.000	368.000	582.000	227.000	45.541	33.657
1881	224.000	372.000	596.000	234.000	49.564	42.454
1882	224.000	401.000	625.000	227.000	62.964	47.597
1883	179.000	344.000	523.000	179.000	56.984	39 342
1884	156.000	334.000	490.000	171.000	36.249	32.514
1885	128.000	270.000	398.000	120.000	36.209	27.819
1886	134.000	284.000	418.000	133.000	53.778	26 061
1887	131.000	289.000	420.000	139.000	41.180	25.788
1888	100.000	328.000	467.000	130.000	60 097	29.972
1889	147.000	347.000	494.000	141.000	45.098	29.460
1890	153.000	310.000	463.000	108.000	45.812	62.276
1891	167.000	334.000	510.000	120.000	53.881	26.552
1892	168.116	319.000	477.000	132.875	59.745	29.943

FORÊTS

Etat des reboisements à opérer, avec les contenances en terrains évaluation de la dépense

Provinces et conservations	Superficie totale de chaque bassin	Contenance des terrains déjà boisés appartenant à l'état	aux communes ou tribus — régulièrement soumis au régime forestier	aux communes ou tribus — Broussailles non encore soumises au régime forestier	Aux particuliers — Terrains non défrichés et frappés de l'interdiction du défrichement
	hectares	hectares	hectares	hectares	hectares
Région					
Alger	2.624.730	351.912	22.793	4.827	87.010
Oran.	3.429.735	615.326	12.604	85.627	50.088
Constantine	3.711.358	435.799	17.272	148.543	162.330
Totaux. . . .	9.765.822	1.403.037	52.669	238.997	299.428
Région intermédiaire					
Alger	»	327.370	»	»	»
Oran.	»	80.000	»	»	»
Constantine	»	201.748	12.035	»	»
Totaux. . . .	»	609.118	12.035	»	»
Région					
Alger	»	»	»	»	»
Oran.	»	»	»	»	»
Constantine	»	258.483	4.927	»	»
Totaux. . . .	»	258.483	4.927	»	»

D'ALGÉRIE

déjà boisés, en terrains à boiser et terrains à acquérir, avec nécessaire pour le reboisement.

Contenance des terrains à boiser et des terrains boisés à acquérir			Evaluation de la dépense		Observations
à l'état	aux communes ou tribus	aux particuliers	Frais d'acquisition de terrains aux particuliers	Frais de boisement	
hectares	hectares	hectares	francs	francs	
Nord					
1.027	4.827	12.390	661.500	836.100	
14.017	12.704	17.398	446.300	7.716.600	
9.855	29.618	»	»	5.921.325	
24.899	47.149	30.328	1.107.800	14.474.025	Soit 102.376 hectares à boiser ; dépense évaluée à 15.581.825 francs.
ou des chotts					
»	»	1.000	10.000	550.000	
»	»	»	»	»	
5.193	1.500	»	15.000	1.008.100	
5.193	1.500	1.000	25.000	1.558.100	Soit 7.693 hectares à boiser ; dépense évaluée à 1.583.100 francs.
Saharienne (*Partie*)					
»	»	»	»	»	NOTA. — Il n'est pas tenu compte, dans les chiffres mentionnés au présent tableau, des travaux d'amélioration exécutés au moyen des allocations inscrites annuellement au budget.
»	»	»	»	»	
»	»	»	»	»	
»	»	»	»	»	

Extrait de la Statistique agricole de France établie en 1882

PRODUCTION MOYENNE DES BOIS PAR HECTARE

		m. c.
Taillis simples.	Particuliers	2, 581
	Communes non soumises au régime forestier.	1, 742
	Communes soumises au régime forestier	1, 109
	Etat	0. 238
Taillis sous-futaie.	Particuliers	3, 356
	Communes non soumises au régime forestier.	2, 173
	Communes soumises au régime forestier	3, 575
	Etat	3, 244
Futaies feuillues.	Particuliers	2, 639
	Communes non soumises au régime forestier.	1, 695
	Communes soumises au régime forestier	1, 661
	Etat	2, 869
Futaies résineuses.	Particuliers	2, 954
	Communes non soumises su régime forestier.	2, 621
	Communes soumises au régime forestier	1, 231
	Etat	1, 248
Moyenne générale.	Particuliers	2, 882
	Communes non soumises au régime forestier.	2, 058
	Communes soumises au régime forestier	1, 894
	Etat	1, 899

Observation. — Dans les bois de l'Etat et les bois communaux soumis au régime forestier, les révolutions de taillis sont toujours plus longues, pour donner les chiffres de production moyenne, que dans les bois non soumis au régime forestier.

TABLE DES MATIÈRES

CHAP. I. — Considérations générales. 3

Section I. — Principales utilités des forêts. 3

II. — Importance de la législation relative à l'usufruit des forêts. 13

CHAP. II. — Définition, origine et modalités du droit d'usufruit ; sa constitution à l'égard des tiers. . 23

I. — Définition de l'usufruit. . . 23

II. — Origine de l'usufruit. . . . 25

III. — Modalités du droit d'usufruit. 31

IV. — Constitution de l'usufruit à l'égard des tiers. . . 32

CHAP. III. — Droits de l'usufruitier forestier. 35

Section I. — Objet et étendue du droit d'usufruit forestier. 35

1° Règles de jouissance du taillis simple ou composé . 41

2° Règles de jouissance de la futaie. 57

3° Règles des bois cultivés pour des industries spéciales. 70

4° Règles des pépinières, vergers, mines et carrières, étangs, prés-bois 77

II. — Mode de jouissance de l'usu-

fruitier forestier, mode d'acquisition des fruits, droits sur les accessoires du fonds, sur les arbres acquis par accession ou mitoyens. . 83
1° Mode de jouissance de l'usufruitier forestier. . . . 83
2° Mode d'acquisition des fruits 86
3° Droits de l'usufruitier sur les accessoires du fonds. . 92
4° Droits de l'usufruitier sur les arbres acquis par accession ou mitoyens. . . . 94

CHAP. IV. — Obligations de l'usufruitier forestier. . . . 105
Section I. — Obligations de l'usufruitier à son entrée en jouissance. . 105
1° Etat de l'immeuble ou Etat descriptif de la forêt. . . 105
2° Caution 113
3° Frais de mutation. . . . 117
Section II. — Obligations de l'usufruitier pendant sa jouissance . . . 134
Section III. — Obligations de l'usufruitier à la fin de sa jouissance. . 158

CHAP. V. — Actions données à l'usufruitier ; situation du nu-propriétaire pendant l'usufruit. . . . 161
Section I. — Actions données à l'usufruitier 161
Section II. — Situation du nu-propriétaire pendant l'usufruit. . . 166

CHAP. VI. — Modes d'extinction de l'usufruit ; remarques sur quelques dispositions relatives à l'usufruit dans les législations étrangères. . . 175
Section I. — Modes d'extinction de l'usufruit 175
Section II. — Remarques sur quelques dispositions relatives à l'usu-

fruit dans les législations étrangères 186

CHAP. VII. — Etats des forêts soumises à des droits usufructaires et conclusion. 191

Section I. — Etat des forêts domaniales en France 192

II. — Etat des forêts domaniales en Algérie 200

III. — Etat des bois communaux . . 211

IV. — Etat des bois particuliers soumis à un droit d'usufruit. 216

CONCLUSION 221

DOCUMENTS STATISTIQUES 225

www.ingramcontent.com/pod-product-compliance
Ingram Content Group UK Ltd.
Pitfield, Milton Keynes, MK11 3LW, UK
UKHW022054260726
13993UKWH00001B/108

9 782329 494494